SUSANNE MITTERMAIER

**Weiß-blau in der Welt**

SUSANNE MITTERMAIER

# Weiß-blau in der Welt

Auf den Spuren bayerischer Persönlichkeiten
rund um den Globus

BAYERLAND

Bildnachweis: Alle Repros, soweit nichts anderes angegeben ist, stammen von Susanne Mittermaier.

Unser gesamtes lieferbares Programm und Informationen über Neuerscheinungen finden Sie unter www.bayerland.de

Verlag und Gesamtherstellung:
Druckerei und Verlagsanstalt »Bayerland« GmbH
85221 Dachau, Konrad-Adenauer-Straße 19

Titelbild: »The square-rigged wool clipper ›Argonaut‹ under full sail«, Gemälde von Jack Spurling (Quelle: wikimedia)

Alle Rechte vorbehalten.

© Druckerei und Verlagsanstalt »Bayerland« GmbH
85221 Dachau, 2015

Printed in Germany · ISBN 978-3-89251-464-0

# Inhalt

*Mit missionarischem Eifer auf den Thron*
Theodolinde, Königin der Langobarden (um 570–627) .. 7

*Im Zwiespalt von Macht und Moral*
Königin Isabeau de Bavière (um 1370–1435) .......... 14

*Drei Königreiche für einen Wittelsbacher*
Christoph von Pfalz-Neumarkt (1416–1448) .......... 22

*Vom Drucker zum Provokateur*
Christoph Froschauer (um 1490–1564) .............. 29

*Als Sklavenhändler in die Neue Welt*
Bartholomäus Blümlein (1506–1585) ................ 37

*Lautenmacher von Weltrang*
Familie Tieffenbrucker (16. und 17. Jahrhundert) ...... 43

*In der Meisterklasse der Barockkünstler*
Balthasar Permoser (1651–1732) .................... 51

*Ein Leben für die Karriere der Kinder*
Leopold Mozart (1719–1787) ....................... 57

*Kaiserin für eineinhalb Jahre*
Amélie von Leuchtenberg (1812–1873) .............. 64

*Ein Teenager als Retter Griechenlands*
König Otto I. von Griechenland (1815–1867) ......... 71

*Pionier im australischen Weinbau*
Johann Gramp (1819–1903) ........................ 78

*Vom Hausierer zum Spitzenbankier*
Marcus Goldman (1821–1904) ...................... 85

*Der bekannteste Hosenfabrikant der Welt*
Levi Strauss (1829–1902) .......................... 93

*Das Heil in der Flucht*
Kaiserin Elisabeth von Österreich (1837–1898)........  98

*Vom Glück des Tüftlers*
Charles August Fey (1862–1944).................... 106

*Unter dem Joch der Armut*
Emerenz Meier (1874–1928)....................... 114

*Muttersprache als Anker*
Oskar Maria Graf (1894–1967) .................... 121

*Eine Karriere als Giftmischerin*
Anna Marie Hahn (1906–1938) .................... 128

*An den Schalthebeln der Macht*
Henry Kissinger (geboren 1923) ................... 136

*Nachwort des Verlages* ............................ 143

## Mit missionarischem Eifer auf den Thron
*Theodolinde, Königin der Langobarden (um 570–627)*

Der Legende nach soll der König der Langobarden so neugierig auf seine Braut gewesen sein, dass er sich verkleidete und von Italien über die Alpen nach Regensburg ritt, um die Prinzessin, die ihm zur Frau versprochen war, mit eigenen Augen zu begutachten. Der langobardische Geschichtsschreiber Paulus Diaconus hat die Legende um Authari und Theodolinde um das 8. Jahrhundert herum verfasst und der Schriftsteller Heinrich Zschokke 1819 in seinem Werk »Der Baierischen Geschichten« aufgegriffen. Im schwülstigen Ton der damaligen Zeit beschreibt Zschokke, dass Authari, als er am Herzogshof ankam, als Bote verkleidet vor König Garibald getreten sei, um dessen Tochter Theodolinde im Namen ihres Bräutigams zu lobpreisen. Den Sitten gemäß revanchierte sich die Besungene darauf mit einem Becher Wein, den sie dem Unbekannten überreichte. »Dieser, den Kelch zurückgebend, drückte verstohlen mit dem Finger die Hand der Geliebten, und strich der Beschämten, niemand bemerkte es, über die errötenden Wangen. Die Jungfrau aber klagte, was geschehen, heimlich der Amme. Da hat dieselbe getröstet: ›Also tut keines Königs Brautwerber, ist er nicht der Bräutigam selbst. Und wahrlich, dieser ist wohl seiner Krone und deines Leibes wert.‹«, schwadroniert Tschokke. An der Landesgrenze von Bayern soll der kühne Fremde eine Streitaxt gezückt und sie in den nächstbesten Baum gerammt haben mit den Worten: »Solche Hiebe führt Authari!« Auf diese streitbare Weise also gab er sich den Bayern zu erkennen. Nicht nur die Braut war indes wegen des verwegenen Auftretens des italienischen Besuchers in heilloser Aufregung. Als der König der Franken, Childebert, erfuhr, dass der langobardische Erzfeind sich mit dem Agilolfingerherzog verbünden wollte, soll er eine »gewaltige Heeresmacht über den Rhein und gegen die Alpen« geführt haben. Garibald und Theodolinde seien vor der Boshaftigkeit Childeberts so erschrocken, dass die junge

*Ein Fresko aus dem 15. Jahrhundert im Dom von Monza zeigt Theodolinde bei ihrer Hochzeit mit Authari.*

Braut sich zusammen mit ihrem Bruder Gundoald nach Italien in den Schutz Autharis flüchtete. »Dieser begegnete der Geliebten mit feierlichem Gepräng' ob Verona, auf dem Sardisfeld. Das Beilager ward mit großer Pracht vollzogen«, so die knappe Beschreibung der weiteren Ereignisse.

Was Zschokke in seiner Beschreibung nicht erwähnt: Theodolinde war so etwas wie die »Ex« des streitbaren Frankenkönigs. Herzog Garibald hatte nämlich zuerst Childebert als Schwiegersohn auserkoren und damit eine Verbindung Bayerns mit dem Frankenreich angestrebt; doch aus irgendeinem Grund kam die Hochzeit nicht zustande. Theodolinde wurde deshalb im Jahr 588 mit dem weit älteren Authari verlobt. Wie alt die beiden Brautleute bei ihrer Hochzeit waren, ist aufgrund der fehlenden Geburtsdaten nicht exakt zu ergründen. Den Quellen zufolge soll der Langobarde um 1540 geboren sein, er wäre damit dreißig Jahre älter gewesen als Theodolinde, die um 570 zur Welt kam. Die Hochzeit der beiden fand zwei Jahre nach der Verlobung in einer Kirche in Ala an der späteren Landesgrenze der Provinz Trient zu Venedig statt, allerdings nicht nach katholischem Ritus: Die Langobarden gehörten damals noch der christlichen Vereinigung der Arianer an. Die Ehe des fünfzigjährigen Bräutigams mit der lieblichen Agilolfingerin sollte allerdings nicht lange dauern: Eineinhalb Jahre nach der Hochzeit starb Authari am 5. September 590 in Pavia, Todesursache soll angeblich Gift gewesen sein. Wie schon die Legende andeutet, lag der Italiener damals mit den Franken im Krieg; ob die Ermordung, sollte sie tatsächlich stattgefunden haben, von Childebert ausging oder der Herrscher von seiner eigenen Familie ins Jenseits verfrachtet wurde – ob gar Theodolinde die Finger mit im Spiel hatte, darüber schweigen die Chroniken. Die Witwe fackelt auf jeden Fall nicht lange, sie heiratet noch im gleichen Monat den Bruder ihres verstorbenen Mannes, Agilulf, der die Herrschaft von Authari übernommen hatte. Aus dieser Ehe stammen die zwei Kinder, die Theodolinde zur Welt brachte, 602 den Sohn und späteren König Adaloald und die Tochter Gundeperga. Adaloald wird auf Betreiben der Mutter im April 603 in Monza getauft – und dieses Glaubensbekenntnis sollte aus Sicht der katholischen Kirche auch das große Verdienst der gebürtigen Bayernprinzessin sein: Sie förderte, soweit es ging, die Verbreitung des christlichen Glaubens, zu dem sich auch ihr zweiter Mann Agilulf schließlich bekannte. Die Amtskirche in Rom gewann damit nicht nur ein paar neue Schäfchen hinzu, Papst Gregor der Große, mit dem Theodolinde in Briefwechsel stand, durfte sich zudem über etliche

Besitzungen freuen, die Agilulf der Kirche entrissen hatte und nun, nach seiner Bekehrung, wieder zurückgab. Der kleine Adaloald wurde bereits mit zwei Jahren zum Mitkönig erhoben. Natürlich konnte er im Kindesalter noch nicht wirklich mitregieren, doch die Gefahr eines plötzlichen Todes lauerte, wie das Beispiel Autharis zeigt, auch für einen Herrscher überall. War dessen Nachfolger, auch wenn es sich noch um einen kleinen Buben handelte, mit einer offiziellen Zeremonie auf sein späteres Amt eingesegnet, dann konnte er von etwaigen Mitrivalen nicht mehr ganz so leicht übergangen werden. Als Theodolindes zweiter Mann im Jahr 616 stirbt, ist der Sohn zwar erst vierzehn, doch mit Unterstützung seiner Mutter kann er die Regentschaft trotz Minderjährigkeit antreten. Adaloald war damit der erste christliche König der Langobarden.

In der katholischen Kirche wird Theodolinde für ihre Missionsarbeit verehrt, doch ihrem Sohn sollte der vom Glauben geprägte Einfluss der Mutter auf die politischen Geschäfte kein Glück bringen. Die lombardischen Fürsten begannen sich um 624 gegen ihren König aufzulehnen. Zwei Jahre später starb Adaloald im Alter von erst zweiundzwanzig Jahren unter mysteriösen Umständen; es wird vermutet, dass auch er vergiftet wurde. Außerdem gibt es Hinweise, dass sich bei dem jungen Herrscher, etwa um die gleiche Zeit, als sich seine Landsleute gegen ihn erhoben, Anzeichen einer psychischen Erkrankung bemerkbar machten. Der Kurzfassung nach entmachtete ihn der lombardische Adel und bestimmte seinen Schwager Arioald zum neuen König. Dem langobardischen Geschichtsschreiber Paulus Diaconus zufolge soll ein geheimnisvoller Geselle namens Eusibius den jungen König während eines Bades durch Zauberkräfte so beeinflusst haben, dass Adaloald alle Noblen seines Landes zu sich rufen ließ und begann, einen nach dem anderen mit dem Schwert zu massakrieren. Erst nach dem zwölften Toten sei es gelungen, den Rasenden zu stoppen. Der habe daraufhin Gift geschluckt und sei gestorben, dann sei Arioald König geworden. Wie auch immer der Sturz Adaloalds tatsächlich vonstattenging; der einzige Sohn Theodolindes ist kurz darauf in Ravenna unter ungeklärten Umständen ums Leben gekommen, weshalb die Vermutung aufkam, er sei, ebenso wie sein Vater, keines natürlichen Todes gestorben.

Ein Jahr später sollte dann auch Theodolinde das Zeitliche segnen. Die aus Bayern stammende Prinzessin, die in der späteren Lombardei mit zwei Königen verheiratet gewesen war und einen König geboren hatte, schloss am 22. Januar 627 bei Varenna am Comer See ihre Augen für immer. Mit dem Tod von Adaloald und Theodolinde erfuhr auch die Bekehrung der Bevölkerung zum Katholizismus einen Rückschlag, denn nun gewann der arianische Glaube wieder an Anhängern. Erst unter König Liutprand, der als Kind eine Zeit lang am bayerischen Hof im Exil gelebt hatte und von 714 bis 744 auf dem Langobardenthron saß, konnte sich der Katholizismus endgültig als Staatsreligion etablieren.

*In der Kirche St. Pietro in Bosco bei Ala sollen sich Authari und Theodolinde das erste Mal begegnet sein. Foto: Hanns-Seidel-Stiftung/B. Strobl*

Theodolinde wird dennoch von vielen Gläubigen als Selige verehrt, weil es ihrem Einfluss zuzuschreiben ist, dass der Glaube der Amtskirche in Oberitalien Fuß fassen konnte. Außerdem hatte sie eine Reihe von Sakralbauten in Auftrag gegeben, darunter auch den Bau des Domes von Monza. Darüber hinaus hat sie der Kirche und wohltätigen Einrichtungen zahlreiche Schenkungen vermacht. Eine offizielle Seligsprechung durch die Amtskirche ist jedoch nie erfolgt. In Bayern lebte der Kult um die mittelalterliche Prinzessin und ihre Ehemänner im 19. Jahrhundert wieder auf. König Maximilian II. ließ auf Schloss Hohenschwangau nach dem historisierenden Geschmack der Zeit die Legende Autharis und seiner bayerischen Braut auf Wandgemälden darstellen und benannte den betreffenden Raum »Authari-Zimmer«. In der Walhalla hängt zudem eine Erinnerungstafel an die Landsfrau aus früherer Zeit. In Italien steht in der Nähe der Ortschaft Ala an der Grenze der Provinzen Trentino und Venezia die Kirche St. Pietro in Bosco, in der sich Theodolinde und Authari das erste Mal – glaubt man der Legende von Autharis Besuch in Regensburg, das zweite Mal – begegnet sein sollen. In der benachbarten Burg von Avio, deren heutiger Bau jedoch erst ab dem 11. Jahrhundert entstand, sollen die beiden Frischvermählten angeblich ihre Hochzeitsnacht verbracht haben. Ihren Wohnsitz hatte Theodolinde in Monza. Dort ließ die Bayernprinzessin eine Kirche errichten, in der auch ihre sterblichen Überreste begraben wurden. An ihrer Stelle steht mittlerweile der Dom von Monza, wo Theodolinde ihre letzte Ruhestätte hat. Seine heutige Gestalt geht auf das 14. Jahrhundert zurück; das Gotteshaus wurde jedoch im Lauf der folgenden Jahrhunderte weiter verändert. Eine Kapelle innerhalb des Baus wurde nach der langobardischen Königin benannt. Am 22. Januar findet in der Kirche traditionell ein Hochamt zur Erinnerung an Theodolinde statt.
Im Museum des Doms sind noch einige prächtige Schmuckstücke aus dem Besitz Theodolindes zu besichtigen, darunter die vermutlich älteste Krone Europas, genannt »Eiserne Krone«. Sie ist allerdings keineswegs aus Eisen, sondern in Gold gefer-

*Die Krone Theodolindes, die zum Domschatz von Monza gehört*

tigt und mit prächtigen Saphiren ausgestattet, die in fein ziselierte ornamentale Umrandungen gefasst sind. Seinen Namen hat das Schmuckstück von einem Eisenring, auf den die Krone montiert ist. Und auch um diesen Ring rankt sich eine Legende, denn im Mittelalter wurde kolportiert, er sei aus einem Nagel vom Kreuz Christi gefertigt worden. Der Nagel soll von der heiligen Helene im Jahr 326 gefunden worden sein. Sie habe die Reliquie fassen und in ein Diadem für ihren Sohn, Kaiser Konstantin, einarbeiten lassen. Kaiser Tiberius habe das Diadem später Papst Gregor geschenkt, der es wiederum an Königin Theodolinde weitergab. Die Krone ist aber nicht nur wegen ihres Alters so geschichtsträchtig, sie wurde in der Folgezeit auch zum Symbol der Herrschaft über Italien und kam deshalb bis ins 19. Jahrhundert unter anderem bei den Krönungen von Kaiser Karl V. und Kaiser Napoleon zum Einsatz. Der Kaiser der Franzosen machte sich am 26. Mai 1805 zum italienischen König, indem er sich die »Eiserne Krone der Lombardei«, wie der offizielle Titel des Schmuckstücks lautet, einfach selbst aufs Haupt drückte. Auch Theodolindes Königinnenkrone ist Teil des Domschatzes. Dabei handelt es sich um einen Goldreif, der mit drei Reihen Perlmuttscheiben und Edelsteinen besetzt ist.

# Im Zwiespalt von Macht und Moral
## Königin Isabeau de Bavière (um 1370–1435)

Bei der Aufzählung ihrer Schandtaten ließen die Chronisten Isabeaus de Bavière wirklich nichts aus: Vom Ehebruch mit dem Schwager über Plünderung der Staatskasse und Verschwendungssucht bis hin zu Mordkomplotten und Verrat gibt es kaum eine moralische Verfehlung, derer sich die französische Königin aus dem Hause Wittelsbach nicht schuldig gemacht haben soll. Mehr als ein halbes Jahrtausend lang haben Historiker das übelbeleumundete Bild der geborenen Bayerin ungeprüft übernommen, ohne sich zu fragen, ob eine Frau in der von Männern dominierten Welt des Mittelalters überhaupt derartige Frevel begehen hätte können, ohne dafür zur Rechenschaft gezogen zu werden? Immerhin wurde Isabeau fünfundsechzig Jahre alt und starb eines natürlichen Todes, während etliche Männer in ihrer näheren Umgebung durch Mordanschläge beseitigt wurden. Und falls die geschmähte Königin doch nicht so schrecklich war, wie allseits kolportiert, stellt sich die Frage, wer ein Interesse daran hatte, sie derart in Misskredit zu bringen?
Isabeau de Bavière oder Elisabeth von Bayern kam um 1370 wahrscheinlich in München zur Welt. Ihr Vater ist Herzog Stephan III. von Bayern-Ingolstadt, ältester Enkel Kaiser Ludwigs des Bayern, ihre Mutter Taddea stammt aus dem Mailänder Adelsgeschlecht der Visconti. Stephan und seine italienische Frau bekommen zwei Kinder, 1368 den Sohn Ludwig, der den Beinamen »der Gebartete« erhalten sollte, und zwei Jahre später Elisabeth (Isabeau). Ihre Kindheit verbringt die Herzogstochter in der Residenz in Ingolstadt, in der offenbar nicht gerade geknausert wurde, denn Stephan wird als äußerst prachtliebender Zeitgenosse geschildert, an dessen Hof es sich gut leben ließ. Als Elisabeth vierzehn Jahre alt ist, klopfen der nur zwei Jahre ältere französische König Karl VI. und dessen Vormünder beim Herzog an, weil ihnen an

einer Verbindung mit den Wittelsbachern gelegen ist. Hintergrund dafür ist die Dauerfehde Frankreichs mit dem Erzfeind England, die seit 1337 schwelt und später als Hundertjähriger Krieg in die Geschichte eingehen sollte. Jede Allianz mit einem hochrangigen Herrscherhaus auf dem Kontinent könnte den Franzosen ein dringend benötigtes Gegengewicht im Kampf gegen Englands Ansprüche auf den französischen Thron verschaffen.

Unter dem Deckmantel einer »Wallfahrt« nach Amiens reist Elisabeth im Frühjahr 1385 nach Frankreich, damit der König seine mögliche Braut mit eigenen Augen begutachten kann. Was Karl VI. zu sehen bekommt, scheint ihn außerordentlich beeindruckt zu haben, denn nur drei Tage, nachdem er Isabeau das erste Mal gesehen hat, führt der Siebzehnjährige die Wittelsbacherin vor den Traualtar. Königin wird Isabeau damit aber noch nicht, denn ihr Mann, der schon als Kind dem Namen nach Herrscher von Frankreich geworden war, sollte

*Ankunft Isabeaus anlässlich ihrer Krönung in Paris 1389, Ausschnitt einer flämischen Buchmalerei.*

erst mit zwanzig Jahren, also drei Jahre nach der Hochzeit, den Thron offiziell übernehmen. Bis dahin leiteten seine drei Onkel, die Herzöge Ludwig I. von Anjou, Johann von Berry und Philipp II. von Burgund, in Form eines Regentschaftsrats die Geschicke Frankreichs – allerdings mit mäßigem Erfolg, denn als Fürsten jeweils eigenständiger Territorien verfolgte das Trio hauptsächlich eigene Interessen. Dass Frankreich damals noch nicht jenes geeinte Königreich späterer Jahrhunderte war, dessen Macht sich auf die Figur eines einzelnen Herrschers konzentrierte, ist einer der Umstände, der Isabeaus Leben als Königin von Frankreich prägen sollte. Pünktlich ein Jahr nach der Hochzeit bringt sie ihr erstes Kind zur Welt, dem noch elf weitere folgen werden. Nur drei davon sollten die Mutter überleben, drei starben bereits im Babyalter sowie ein Sohn mit neun und drei weitere Kinder mit neunzehn Jahren. Erst das elfte Kind, Charles, im deutschen Sprachraum Karl genannt, der 1403 geboren wurde, wird 1422 als Karl VII. den Thron besteigen.

Von 1491 an erhält Isabeau für längere Zeit Gesellschaft aus der Heimat: Bruder Ludwig verbringt bis zur Übernahme der Herrschaft in Bayern immer wieder längere Zeit am französischen Hof, was für Isabeaus Kritiker später ein Grund war, um ihren Leumund anzugreifen. Denn für den Lebensunterhalt Ludwigs kam nicht etwa dessen Vater, sondern sein Schwager auf. Doch König Karl VI. praktizierte das auch bei anderen deutschen Adeligen in seiner Entourage. Und der Vorwurf, die Königin habe 1402 ihrem Bruder 120 000 Francs »in den Rachen geworfen«, lässt sich ebenso entkräften, denn dabei handelte es sich um die Mitgift, die Ludwigs Braut, Anne von Bourbon, in erster Ehe mit einem Cousin des Königs verheiratet, aus der royalen Schatulle gewährt wurde.

Dass die bösen Gerüchte über Isabeau überhaupt einen Nährboden fanden, lag an ihrem Gatten und dessen gesundheitlichem Zustand: Von 1392 an bis zu seinem Tod zwanzig Jahre später hatte der König immer wieder Phasen, in denen er – nach damaliger Lesart – dem Irrsinn verfiel. Begleitet von

*König Karl VI., hier auf einer Münze aus dem 17. Jahrhundert, war zwanzig Jahre lang immer wieder regierungsunfähig.*

schweren körperlichen Schmerzen und Ohnmachtsanfällen, litt Karl während dieser Episoden, von denen mehr als vierzig dokumentiert sind, tagelang an Gedächtnisverlust und Wahnvorstellungen. Bei seinem ersten Anfall eskalierte die Situation dabei so weit, dass Karl VI. einige Männer in seiner Begleitung umbrachte: Der König, der sich auf dem Weg in die Bretagne befand, glaubte sich plötzlich von Feinden verfolgt, zückte sein Schwert und hieb wahllos auf umstehende Personen ein. Nach dem Ende dieser psychotischen Phase konnte der König wieder klare Gedanken fassen und stellte mit Entsetzen fest, was er im Wahn angerichtet hatte. Er befahl daraufhin, alle Waffen aus seiner Umgebung zu entfernen, damit sich ein derartiger Anfall nie wiederholen konnte. Heute gehen Wissenschaftler davon aus, dass Karl VI. an der Stoffwechselstörung Porphyrie litt, zu deren Symptomen schwere Koliken, Erbrechen, schmerzende Glieder, Krampfanfälle, Lichtunverträglichkeit und Psychosen zählen. Chronisten zufolge habe der König während der Anfälle über Schmerzen geklagt, als würde er von »tausend Speeren« getroffen und er pflegte dann so lange hin- und herzurennen, bis er erschöpft zusammenbrach. Für Karl war diese Erkrankung nicht nur extrem schmerzhaft, sie stellte ihn und damit auch ein ganzes Land vor die Frage: Wer soll die Zügel in die Hand nehmen für einen König, dessen Geist regelmäßig in die Umnachtung abglitt? Und das noch dazu in Zeiten, in denen die politische Lage Frankreichs mehr als angespannt war, was auch damit zusammenhing, dass der König sich mehr und mehr von seinen Onkeln abgewandt und seinen jüngeren Bruder Ludwig von Orléans zum Vertrauten gemacht hatte. Karl VI. hatte damit eine Fehde ausgelöst, die sich über Jahrzehnte hinziehen sollte und bei der die beteiligten Gruppen selbst vor gegenseitigen Morden nicht zurückschreckten. Und mitten im Geschehen: eine junge Königin, die anstelle ihres erkrankten Mannes die verfeindeten Personen im Sinne der Krone unter Kontrolle bringen musste. Dass

*Königin Isabeau, die auch für ihren luxuriösen Lebensstil kritisiert wurde, mit ihren Hofdamen und einer Schriftstellerin bei der Präsentation eines neuen Buches. Buchmalerei, 1405*

Isabeau aktiv in die Regierung eingriff, war von Karl VI. ausdrücklich bestimmt worden, was einem weiteren der gegen sie gerichteten Gerüchte die Grundlage entzog, nämlich, dass sie selbstherrlich die Herrschaft an sich gerissen hätte. Die Entscheidung, seine Frau zur Vorsitzenden des Kronrats zu bestimmen, war aus der Sicht des Königs die einzig sinnvolle Lösung, denn er fürchtete – nicht zu Unrecht –, dass entweder seine Onkel oder sein Bruder die Macht an sich reißen könnten, während er selbst auf dem Krankenbett lag. Außerdem erklärte er Isabeau neben den Onkeln und seinem bayerischen Schwager Ludwig zum Vormund der gemeinsamen Kinder.
Als 1404 mit Philipp von Burgund einer der Agitatoren aus der Onkel-Fraktion stirbt, hätte sich die politische Situation eigentlich beruhigen müssen. Doch sein Sohn und Nachfolger, Herzog Johann Ohneforcht, entpuppte sich als noch machtbesessener als der Herr Papa. Der Zwist um die Vorherrschaft im Kronrat eskalierte und mündete 1407 in der Ermordung Ludwigs von Orléans, dem Bruder des Königs – wahrscheinlich im Auftrag von Johann Ohneforcht. Die Fehde weitet sich nun vom Kronrat auf die jeweiligen Parteigänger bis zu einem Bürgerkrieg aus, der über Jahrzehnte zu blutigen Auseinandersetzungen führen sollte zwischen den Burgundern und den Anhängern der Orléans, den Armagnacs, so benannt nach ihrem Anführer, Bernhard von Armagnac. Isabeau trifft in dieser Situation eine Entscheidung, die ihr den Hass ihres eigenen Sohnes und dessen Gefolges einbringen wird: Sie wechselt die Fronten und unterstützt nun die Burgunder und damit auch England. Was im ersten Moment tatsächlich als Hochverrat erscheinen könnte, ist in Wirklichkeit eine Entscheidung, die Isabeau unter dem Gesichtspunkt: »Was ist das geringere Übel?« trifft. Die Königin hofft nämlich, dass ein Bündnis mit Burgund zu einem Ende des Konflikts mit England führen könnte. Isabeau will damit einem völligen Ausbluten Frankreichs zuvorkommen, das weiteren kriegerischen Auseinandersetzungen mit England aus ihrer Sicht nicht mehr gewachsen wäre. Was politisch eine durchaus sinnvolle Option

*Zuerst Gegner, dann Verbündeter der Königin: Johann Ohneforcht, Herzog von Burgund, der 1419 ermordet wurde*

war, brachte ihr nun aber – aus ebenfalls verständlichen Gründen – die Feindschaft der Armagnacs und ihres Sohnes ein, der mittlerweile zu einem jungen Mann herangewachsen war. Um seine Mutter politisch kaltzustellen, ließ der Dauphin Isabeau vom Hof entfernen und stellte sie unter Arrest.

1418 glückte es ihrem Verbündeten Johann Ohneforcht, mit den Engländern in Paris einzufallen und die Königin zu befreien; der Dauphin entkam dabei nur knapp seiner Ermordung. Seinem Gegner Johann sollte das ein Jahr später dann nicht gelingen, ihn metzelten Schergen des Thronfolgers gnadenlos nieder. 1420 unterzeichnet König Karl VI. in einer seiner gesunden Phasen ein Bündnis mit England, in dem er den englischen König Heinrich V. als seinen legitimen Nachfolger

erklärt. Durch die mit dem Vertrag einhergehende Hochzeit mit Karls und Isabeaus Tochter Catherine wurde der englische König zum Schwiegersohn des französischen Herrschers. Heinrich starb allerdings schon zwei Jahre später und kurz darauf segnet auch Karl VI. das Zeitliche. Isabeau verlor damit innerhalb weniger Monate alle Verbündeten. Um einer erneuten Internierung durch ihren Sohn zuvorzukommen, geht die Königin freiwillig ins Exil. Als Karl VII. besteigt der Dauphin, ungeachtet des Vertrags, den sein Vater mit den Engländern geschlossen hatte, nun den französischen Thron. Unterstützt wurde er dabei von Johann Ohneforchts Nachfolger, Philipp von Burgund, der 1435 mit England gebrochen und sich wieder aufseiten Frankreichs geschlagen hatte.
Im gleichen Jahr starb Isabeau im Alter von fünfundsechzig Jahren und wurde an der Seite ihres Gemahls in der Kathedrale Saint-Denis beerdigt. Interessanterweise blühen erst jetzt die bösen Gerüchte gegen die geborene Bayernprinzessin so richtig auf, darunter die Anschuldigung, der jetzige König sei gar nicht der Sohn Karls VI., sondern das Produkt einer außerehelichen Affäre mit ihrem Schwager, Ludwig von Orléans. Heute geht man davon aus, dass diese Anschuldigung von den Engländern in die Welt gesetzt worden ist, um auf diese Weise den Anspruch auf den französischen Thron zu legitimieren. Isabeau selbst konnte sich gegen ihre »schwarze Legende«, an der unzählige Schriftsteller über Jahrhunderte fleißig mitstrickten, indem sie die Vorwürfe ungeprüft weiter verbreiteten, nicht mehr wehren. Erst gegen Ende des 20. Jahrhunderts, mehr als sechshundertfünfzig Jahre nach ihrem Tod, begannen Historiker, das schiefe Bild der Bayernprinzessin und französischen Königin geradezurücken und sie als das zu würdigen, was sie tatsächlich war: eine Frau, die an der Seite eines schwer kranken Mannes, umgeben von intriganten Zeitgenossen, ihre neue Heimat Frankreich durch schwere Zeiten lenkte – und dafür ungerechterweise nur Spott und Häme kassierte.

## Drei Königreiche für einen Wittelsbacher
*Christoph von Pfalz-Neumarkt (1416–1448)*

Manchmal kann die »bucklige Verwandtschaft« ja doch ganz nützlich sein: 1416 als Sprössling einer Seitenlinie der Wittelsbacher geboren, wäre Christoph von Pfalz-Neumarkt wohl schnell im Dunkel der Geschichte verschwunden. Dank einer Tante aus Norwegen und eines Onkels aus Dänemark, die keine Söhne als Nachfolger hatten, fielen ihm in kurzer Zeit dann gleich drei Reiche in den Schoß: 1440 Dänemark, 1441 Schweden und 1442 Norwegen. Dass der junge Mann aus der damals finsteren Provinz an die Spitze dreier Länder gelangte, hatte er neben der Blutsverwandtschaft gerade auch seiner Bedeutungslosigkeit zu verdanken. Der dänische Kronrat, der hinter der »Beförderung« Christophs steckte, suchte damals dringend einen Nachfolger für dessen glücklosen Onkel Erik III., mit der Vorgabe, dass der neue Kandidat ja keine lästige Verwandtschaft im Genick hatte, die danach trachtete, sich etwas von dem umfangreichen Kuchen der nordischen Königreiche einzuverleiben.

Christoph war am 26. Februar 1416 als siebtes und letztes Kind Johanns von Pfalz-Neumarkt und dessen Frau Katharina von Pommern-Stolp in Neumarkt in der Oberpfalz zur Welt gekommen. Christophs Großvater väterlicherseits war der rheinische Kurfürst Ruprecht III., zu dessen Herrschaftsgebiet, der Kurpfalz, auch die heutige Oberpfalz gehörte. Als Ruprecht 1410 starb, wurden die kurpfälzischen Länder auf seine vier Söhne aufgeteilt. Johann erhielt dabei die Oberpfalz, wo er sich in Neumarkt eine standesgemäße Residenz errichten ließ.

Es sind unruhige Zeiten, in die sein Sohn Christoph 1416 hineingeboren wird. Im Süden der deutschsprachigen Länder rangeln die Luxemburger, die Habsburger und die Wittelsbacher um die Vormacht und müssen dabei gleichzeitig ihre Nachbarn im Osten gut im Blick behalten, denn dort schwelt

*Christoph von Pfalz-Neumarkt war neun Jahre König von Dänemark, Norwegen und Schweden.*

so mancher Brandherd: In Böhmen hat ein aufmüpfiger Hochschullehrer namens Jan Hus gerade seine Zeitgenossen gegen die katholische Kirche aufgehetzt, was ihm 1415, während des Konzils von Konstanz, ein Ende auf dem Scheiterhaufen beschert; auf dem Balkan kocht, als Ausläufer der mittelalterlichen Kreuzzüge, der Konflikt zwischen Christen und Osmanen wieder hoch, und in Ungarn muss der deutsche König Sigismund seine durch Heirat erworbene Königskrone gegen lästige Rivalen aus Süditalien verteidigen.

Doch auch in den nordischen Ländern, und das sollte für den Lebensweg Christophs entscheidend sein, gibt es zu Beginn des 15. Jahrhunderts noch keine dauerhaft gefestigten Herrschaftsstrukturen. Ende des 14. Jahrhunderts sind die Länder Dänemark, Schweden und Norwegen noch eigenständige Reiche, bis die dänische Königin Margrete 1397 in der Kalmarer Union zur Herrscherin aller drei Reiche aufsteigt. Die Vereinigung der drei Länder, so hoffen Margrete und die jeweiligen Kronräte, würde nicht nur die Rolle der skandinavischen Länder gegenüber den Nachbarn an Nord- und Ostsee stärken, sondern auch die lästige Frage der Nachfolge auf drei Thronen auf einen beschränken. Da Dänemark und Schweden zu der Zeit keine automatische Erbfolge kannten, sondern ihren jeweiligen König wählten, stand in jeder Generation erneut die Frage nach einem anerkannten Thronfolger auf dem Tapet.

Die Entscheidung darüber lag bei einem Kronrat, der im Zweifelsfall auch einen unliebsamen Herrscher wieder zum Teufel jagen konnte – was im Fall von Christoph von Pfalz-Neumarkt zu dessen Aufstieg führen sollte.

Margrete von Dänemark war 1363 im Alter von nur zehn Jahren mit dem norwegischen König Hakon VI. Magnusson verheiratet worden, der gleichzeitig auch designierter Kronprinz von Schweden war. Als ein Jahr später Margretes einziger Bruder Christoffer starb, stand Dänemark ohne männlichen Erben da. Nachdem 1375 auch noch ihr Vater auf dem dänischen Thron mit 55 Jahren überraschend das Zeitliche gesegnet hatte, bestimmte der Kronrat Margretes fünfjährigen Sohn Olav zum König. Die Regierungsgewalt sollte bis zur Volljährigkeit seine Mutter zusammen mit dem Kronrat ausüben. Doch der Thronfolger trat sein Amt nie an: Olav starb 1387 im Alter von nur siebzehn Jahren. Da auch Margretes Mann Hakon zu dem Zeitpunkt schon tot war, blieb nur Margrete als Herrscherin Norwegens übrig, wo der Thron per Erbfolge weitergegeben wurde.

In Schweden war nach dem Tod Hakons (wir erinnern uns: er war designierter Kronprinz) dessen Cousin Albrecht von Mecklenburg zum König gewählt worden. Doch der schwedische Kronrat war mit der Wahl nicht glücklich; Albrecht besetzte entscheidende Stellen in Politik und Verwaltung mit Personen aus seiner Heimat, was den Einfluss der ostdeutschen Hansestädte womöglich noch verstärken würde. 1388 setzte der schwedische Kronrat den unliebsamen König deshalb kurzerhand ab und bestimmte Margrete, damals schon Regentin

*Majestätssiegel von
Christoffer III. af Bayern*

von Dänemark und Norwegen, zur »vollmächtigen Frau« auf dem schwedischen Thron. Im Vertrag zur Kalmarer Union 1397 wurde die Vereinigung der drei Königreiche schriftlich besiegelt und auch der Nachfolger Margretes bestimmt: Erik von Pommern, ein entfernter Cousin der Königin. Diesen Erik sollte nun das gleiche Schicksal wie seinen Großonkel und Vorgänger auf dem schwedischen Thron ereilen: Auch er wurde aus seinen Ämtern gejagt, weil die Kronräte der drei Länder mit seiner Regierung nicht zufrieden waren. Ein Streitpunkt zwischen König und Adel war dabei dessen Personalpolitik: Obwohl im Vertrag von Kalmar ausdrücklich verboten, verschaffte Erik seinen Parteigängern aus Mecklenburg lukrative Posten und agierte auch in wirtschaftlichen Fragen unglücklich, zum Beispiel durch die eindeutige Bevorzugung von holländischen Kaufleuten, womit er sich den Zorn der Hansestädte einhandelte. 1434 brach in Schweden zudem ein Bauernaufstand aus, in dessen Folge Erik der Thron vor die Tür gestellt wurde. Daraufhin übernahm ein heimischer Reichsverweser die Regentschaft, während die Herren Reichsräte gemeinsam auf die Suche nach einem dauerhaften Nach-

*1441 ließ der Wittelsbacher die Kirche in Roholte in Dänemark erbauen.*

folger für den geschassten Erik gingen. Dessen ursprünglichen Favoriten, ein Cousin aus Pommern, wollte niemand auf dem Thron sehen und so geriet der Focus auf einen jungen Mann aus dem fernen Bayern: Christoph von Pfalz-Neumarkt. So abwegig wie diese Variante auf den ersten Blick erscheinen mag, war sie in Wirklichkeit aber gar nicht, denn Christoph war der Neffe des verjagten Erik. Dessen Schwester Catharina hatte 1407 den Wittelsbacher Johann von Pfalz-Neumarkt geheiratet. Christophs großes Plus war aus Sicht der Kronräte, dass er bislang weit genug vom Geschehen entfernt gewesen war und folglich eine Wiederbelebung der Vetternwirtschaft eher auszuschließen war. Und noch etwas sprach für den jungen Oberpfälzer: Mit dem deutschen Kaiser Albrecht und dem Herzog von Holnstein hatte er mächtige Fürsprecher, zu denen sich dann auch die Hansestädte gesellten, die den holländischen Handelsleuten den Geldhahn, den Erik so bereitwillig für sie geöffnet hatte, wieder zudrehen wollten.
1439 verließ Christoph seine Heimat und begab sich nach Lübeck, um sich auf die Wahl zum König vorzubereiten. Für

den damals 23-Jährigen war es nicht der erste Kontakt mit den Menschen im Norden. Fünf Jahre zuvor hatte er seinen Onkel Erik – den davongejagten – in Dänemarkt besucht und dort offenbar einen guten Eindruck hinterlassen. Die Inthronisation des Bayern sollte sich über mehrere Jahre hinziehen: Eine in allen drei Ländern gleichzeitige Wahl platzte – der Grund dafür ist nicht ganz klar –, woraufhin Christoph ein halbes Jahr warten musste, bis der Kronrat ihn im April 1440 zum dänischen König bestimmte. Die formale Krönung fand sogar erst drei Jahre später am 1. Januar 1443 statt. Fast gleichzeitig mit der dänischen Krone erhielt Christoph, der sich in seiner neuen Heimat »Christoffer III. af Bayern« nannte, auch noch die Pfalz-Neumarkt, nachdem sein Vater im Alter von sechzig Jahren gestorben war. In Schweden und Norwegen war Christophs Krönung indes zügiger erfolgt: Im September 1441 war er in Uppsala zum schwedischen, im Juli 1442 in Oslo zum norwegischen König ernannt worden. Dass zwischen den Zeremonien relativ lange Zeiträume lagen, mochte praktische Gründe haben, etwa, dass der König sich in jedem seiner Länder entsprechend Zeit nahm, um sich mit den Menschen und den einheimischen Sitten vertraut zu machen – schließlich hatte Christoph beim Antritt seiner Herrschaft feierlich gelobt, alle drei Staaten regelmäßig zu besuchen. Daran gehalten hat er sich dann aber nicht, er pendelte zwar zwischen Dänemark und Schweden, doch in Norwegen hielt er sich nur einmal auf – anlässlich seiner Krönung.

Über das Leben des Wittelsbachers auf den skandinavischen Thronen ist leider nur wenig überliefert, was in erster Linie daran liegt, dass Christoph schon im Alter von zweiunddreißig Jahren sterben sollte. Dass Historiker sich heute schwer damit tun, Persönlichkeit und politische Leistung des Bayern im hohen Norden zu beurteilen, wird neben der mageren Quellenlage auch durch die unterschiedliche Tonart der Chronisten verstärkt. Während Christoph bei den dänischen Geschichtsschreibern durchweg positiv wegkommt, lassen die schwedischen Berichterstatter kein gutes Haar an ihrem

Import-König: Er sei dick, faul und verbringe die Nächte mit Trinken und Kartenspiel, während sein Volk Hunger leide. Die Not sei wegen etlicher Missernten teilweise so groß, dass die Bauern statt Brot nur noch Borke zu essen hätten – weshalb Christoph auch den Beinamen »Borkenkönig« erhalten habe. Überhaupt sei er ein furchtbarer Rüpel, der ständig fluche und unflätige Geschichten verbreite. Man muss allerdings wissen, dass dieses verheerende Urteil seinen Ursprung in der sogenannten Karlschronik hat, die von Anhängern seines Rivalen Karl Knutsson verfasst worden war. Knutsson hatte nach dem Absetzen Eriks bis zur Inthronisierung Christophs als schwedischer Reichsverweser fungiert und sich selbst Hoffnung auf den Thron gemacht – den er am Ende tatsächlich erhalten sollte, aber erst nach dem frühen Tod Christophs. 1443, fünf Jahre nachdem er die Oberpfalz verlassen und in Skandinavien zum Herrscher ernannt worden war, heiratete der inzwischen neunundzwanzigjährige König die halb so alte Dorothea von Brandenburg, eine Tochter Johanns von Brandenburg-Bayreuth, der ein enger Freund Christophs war und für seinen nunmehrigen Schwiegersohn die Regierungsgeschäfte in der pfälzischen Heimat führte.
Nur zwei Jahre nach der Hochzeit starb Christoph im März 1448 in Helsingborg an einer Blutvergiftung. Seine letzte Ruhestätte fand er in der Domkirche von Roskilde, der traditionellen Grablege der dänischen Könige. Christoph sollte nicht der einzige Wittelsbacher auf dem schwedischen Thron bleiben: Zweihundert Jahre nach seinem Tod wurde Carl X. Gustav, ein Nachfahre aus der Linie Pfalz-Zweibrücken-Kleeburg, König, nachdem seine Cousine, Königin Christina, 1654 abgedankt hatte. Vier Generationen später war dann auch die zweite bayerisch-pfälzische Ära in Schweden zu Ende, als Gustavs Urenkelin Ulrica Eleonor 1715 als einzige Thronerbin den Landgrafen Frederick von Hessen heiratete, der 1720 zum König gekrönt wurde.

# Vom Drucker zum Provokateur
## Christoph Froschauer (um 1490–1564)

Ausgerechnet ein im tiefkatholischen Altötting geborener Buchdrucker hat 1522 in der Schweiz eine religiöse Revolution ausgelöst – und das auch noch auf eine mehr als ungewöhnliche Art und Weise. Denn Christoph Froschauers »Waffe« war nichts anderes als ein Paar vertrockneter Kaminwurzen. Die Würstel erwiesen sich aber – im übertragenen Sinn – als so schlagkräftig, dass sie für die Reformation in der Schweiz die gleiche Wirkung hatten wie Martin Luthers fünfundneunzig Thesen gegen den Ablasshandel.
Über Froschauer selbst ist allerdings nur wenig bekannt und auch dass er ein gebürtiger Oberbayer ist, wusste man bis in unsere Zeit nicht. Schuld daran ist ein Brief des Zürcher Pfarrers Leonhard Soerin aus dem Jahr 1546, in dem steht: »… ich schätze Froschauer nicht nur seiner sorgfältigen Bibeldrucke halber, sondern als Landsmann. Froschauer stammt aus ›Neapolis Castellum‹ nahe bei ›Veteri Oettingae‹, wo ich früher einmal eine Zeit lang Hilfslehrer gewesen bin.« Jenes pompös klingende »Neapolis Castellum« übersetzten die Forscher einfach mit »Neuburg« und liefen bei der anschließenden Suche auf den Landkarten regelmäßig ins Leere. Denn nirgendwo ließ sich ein »Neuburg« finden, in dessen Nähe sich ein »Öttingen« befand. Ein Sammler liturgischer Bücher namens Paul Leemann-van Elck machte sich in den 1930er Jahren dann erneut daran, das Rätsel um Froschauers Herkunft zu lösen. Tatsächlich lieferte Leemann-van Elck schließlich eine Theorie, die sehr plausibel ist. Demnach handelt es sich bei »Neapolis Castellum« um die Ortschaft Kastl bei Altötting. Zwar wird der Ort in Urkunden des 16. Jahrhunderts »ad sanctum Castulum«, zum heiligen Kastulus, genannt, doch diese Verbindung sei erst später entstanden, so Leemann-van Elcks Argumentation. Bei Froschauers Geburt um 1490 sei Kastl tatsächlich eine neue Ansiedlung gewesen, weshalb der

Name »Neapolis«, »neue Stadt«, auch Sinn gemacht habe. Dass Froschauers Oettingen mit dem heutigen Altötting identisch ist, dafür spricht der Vermerk in einem amtlichen Dokument über Eustachius Froschauer, einen Bruder Christophs, der ebenfalls in Zürich lebte und dessen Herkunft mit »Oettingen us dem Beyerland«, angegeben ist.

Wann Froschauer seine Ausbildung zum Drucker begonnen hat, wann und vor allem warum es ihn in die Schweiz verschlagen hat, wird leider in keiner Quelle erwähnt. Bekannt ist nur, dass Christoph sein Handwerk in Augsburg erlernt – bei Johann Froschauer, der in der Fuggerstadt eine Druckerei betreibt. Dieser Johann Froschauer wird in Biografien als Onkel oder als Vater unseres Christoph bezeichnet. Um das Ganze zu verkomplizieren, benutzte dieser Johann auch noch zwei verschiedene Nachnamen, einmal nennt er sich »Froschauer«, dann wieder nur »Schauer«. Unter dem Namen Johann Schauer findet sich in der »Allgemeinen Deutschen Biographie« der Bayerischen Akademie der Wissenschaften aber eine Lebensbeschreibung, die sich gut mit den bekannten Daten Christophs vereinigen und deshalb die Vater-Sohn-Version plausibel erscheinen lässt. Johann (Fro)Schauer, so ist in diesem Standardwerk zu lesen, stammte ursprünglich aus Greiz und war als wandernder Drucker tätig, ehe er sich um 1480 in München niederließ. Dort soll er 1482 dann auch das erste gedruckte Buch in der Geschichte der Residenzstadt fabriziert haben mit dem Titel: »Das geist- und weltliche Rom«. Bis 1494 lassen sich etliche weitere Titel aus der Werkstatt des Meisters in der Rosengasse nachweisen, danach nicht mehr. Ab 1494 ist aber ein Drucker namens J. Schauer in Augsburg zu finden, und das bis mindestens 1520. In die Zeit in München fällt genau jene Periode, während der Christoph auf die Welt gekommen ist, sein genaues Geburtsdatum allerdings ist nicht bekannt. Da München und Altötting distanzmäßig nicht völlig aus der Welt liegen, könnte es sehr gut sein, dass Johann um 1490 einer jungen Frau aus Altötting über den Weg lief – oder sie ihm – und die beiden für Nachwuchs sorgten.

*Modernes Porträt Froschauers in altem Stil*

Der erste schriftliche Nachweis Froschauers in Zürich stammt aus dem Jahr 1517 – in Form eines Heiratseintrags. Der aufstrebende Drucker übernahm damit Witwe und Werkstatt seines verstorbenen Meisters Hans Ruegger. Die frühesten, heute noch erhaltenen Werke aus diesem Betrieb, auf denen der Name Froschauer auftaucht, datieren von 1521. Ein Jahr später sorgt Froschauer in seiner neuen Heimat dann selbst für Schlagzeilen, die ihn für immer mit der Geschichte der Schweiz verbinden sollten. Am Aschermittwoch des Jahres 1522 trifft sich in seinem Haus eine Herrenrunde, um der Amtskirche mit einer ungewöhnlichen Aktion an den Karren zu fahren. Anstifter ist Huldrych Zwingli, ein »Leutpriester« und bislang treuer Papstanhänger, der sich bald aber zu einem der führenden Köpfe der Reformation entwickeln sollte. Der Bauernsohn, der 1519 ans Zürcher Großmünster gerufen wird, ist der Ansicht, dass sich die Vertreter der katholischen Kirche inzwischen viel zu weit von der ursprünglichen Lehre Christi entfernt haben. Wie Martin Luther stößt auch Zwingli besonders der Ablasshandel sauer auf.

Schauplatz des geplanten Frevels ist die gute Stube von Christoph Froschauer, weshalb das Ereignis dann auch als »Froschauer Wurstessen« in die Annalen eingeht. Teilnehmer ist eine Gruppe illustrer Herren, darunter die Priester Huldrych Zwingli und Leo Jud. Um sich vor ihrer Sündentat noch zu stärken, reicht der Gastgeber erst einmal Fastnachtsküchlein, womit noch alles vollkommen in Butter ist, weil die Küchlein eben jene nicht enthalten, genauso wenig wie Eier, schließlich beginnt heute – am Aschermittwoch – ja die vorösterliche Fastenzeit.

Doch dann kreuzt Christoph Froschauer mit einem langen Messer und mehreren Würsten auf, »die ein Jahr im Kamin hingen, sehr scharf und hart«, wie einer der Beteiligten später petzen sollte. Nachdem die Rauchwürste zerlegt sind, wandern sie Scheibe für Scheibe in die Bäuche der Anwesenden – mit einer Ausnahme: Zwingli begnügt sich mit der Zuschauerrolle. Dafür hält sich Kollege Leo Jud umso mehr schadlos an der scharfen Sünde.

Was nun folgt, hat der rebellische Kreis wohlkalkuliert: Irgendwer in der Runde kann seinen Mund nicht halten und bald weiß ganz Zürich von dem gottlosen Treiben. Bürgermeister, Rat und Bischof leiten schnell eine Untersuchung ein, denn ihnen ist sehr wohl bewusst, dass dieses Fastenbrechen keine bloße Gedankenlosigkeit, sondern als gezielte Provokation gedacht ist, auch wenn Christoph Froschauer in einem Schreiben an den Rat bekundet, dass »reine Not« ihn zu diesem Schritt gezwungen habe. Die Buchmesse in Frankfurt stehe vor der Tür und er müsse bis dahin noch so viel schwere Arbeit erledigen, dass er allein »mit muos, und sunst nüt« nicht genug Kraft bekomme »und fisch vermag ich nit aber allwegen ze koufen«.

Als Zwingli vor dem Rat erscheinen muss, zeigt der aufmüpfige Pfarrer, obwohl er selbst ja gar keine Wurst gegessen hat, Rückgrat und erklärt den Hintergrund der Aktion: Es stehe nirgendwo in der Bibel geschrieben, dass zu bestimmten Zeiten gefastet werden müsse. Für Zwingli ist das Fas-

*Ulrich Zwingli veranstaltete 1522 das Wurstessen bei Froschauer als Protest gegen die katholische Kirche.*

tengebot deshalb nichts anderes als eine Machtdemonstration der Kirche gegenüber den Gläubigen. Die folgende Strafe für die Betroffenen fällt ungewöhnlich milde aus: Froschauer muss »Buße tun« und Zwingli erhält Predigtverbot – das er nach nur zwei Wochen übertritt, als er im Großmünster eine flammende Ansprache hält mit dem Titel: »Vom Auswählen und Freiheit der Speisen«. Froschauers Buße hält genauso lange – oder kurz – an, denn kaum hat Zwingli seine Brandrede gehalten, bringt der Drucker diese zu Papier und anschließend unter die Bevölkerung. Es folgen nun weitere Gespräche zwischen den Abtrünnigen auf der einen und Kirchenvertretern auf der anderen Seite, wobei die Papstgetreuen mit ihrer Argumentation mehr und mehr an Boden verlieren. Schließlich schlagen sich auch die Stadtoberen auf die Seite Zwinglis, dem aber noch viel mehr auf den Nägeln brennt als nur die Frage, ob er in Zukunft in der Fastenzeit ungestraft Wurst essen darf oder nicht. Der streitbare Reformator stößt mit seinen neuen Ansichten jedoch nicht überall im Volk auf Anhänger und bald kommt es zu gewalttätigen Aus-

einandersetzungen, die in einen regelrechten Religionskrieg münden.
Zwingli und Froschauer veröffentlichen etliche religiöse Schriften, von denen die bekannteste die »Froschauerbibel« ist, auch Zürcher Bibel genannt, die, in einer weiterentwickelten Fassung, bis heute in der reformierten Kirche der Schweiz offiziellen Charakter besitzt. Die bekannteste und auch kunsthistorisch bedeutendste Auflage aus dem Hause Froschauer stammt aus dem Jahr 1531 und ist mit zweihundert Holzschnitten von Hans Holbein dem Jüngeren, bebildert. Ein Teil dieser Auflage wurde aufwändig von Hand koloriert, wovon nachweislich heute noch drei Stück existieren. Eines davon kam erst 2011 auf kuriose Weise wieder ans Tageslicht, als der Pfarrer des Zürcher Großmünsters von einem Buchhändler die Anfrage erhielt, ob bei ihm eine Froschauerbibel zu erwerben sei und sich dann dunkel an ein Exemplar erinnerte, das seit ewigen Zeiten ziemlich zerfleddert in seiner Sakristei deponiert war. Die Experten staunten nicht schlecht, als sich das wenig beachtete Buch bald als kostbares Farbexemplar jener Auflage von 1531 erwies. Dreitausend Stück stellte Christoph Froschauer von dieser ersten Bibel in seiner Druckerei insgesamt her, was sich als einträgliches Geschäft erwies.
Da Froschauer weder mit seiner ersten noch mit seiner zweiten Frau Kinder hatte, holte er seinen Bruder und dessen Söhne Eustachius jun. und Christoph mit in die Firma. Die beiden Neffen übernahmen nach dem Tod des Onkels den Betrieb, zu dem inzwischen auch eine Papiermühle gehörte. Christoph Froschauer starb am 1. April 1564 im Alter von etwa vierundsiebzig Jahre an der Pest. Neben den zahlreichen gedruckten Werken aus seiner Werkstatt, von denen auch die Bayerische Staatsbibliothek einige Exemplare, darunter eine Lutherbibel, besitzt, erinnert heute ein Fresko in der Brunngasse 18 an den damaligen Wohnsitz des Druckers, der Gebäudekomplex war noch zu seinen Lebzeiten 1551 in »Froschau« oder »Froschow« nach alter Schreibweise umbenannt worden.

*Titelblatt der Lutherbibel aus der Druckerei Froschauer*

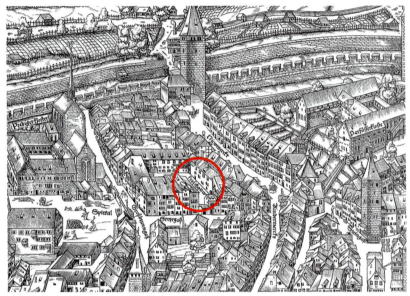

*Auf dem Murer-Stadtplan von Zürich von 1576, gedruckt von Christoph Froschauer dem Jüngeren, ist die nach dem Onkel benannte Gasse, »Froschow«, schon eingezeichnet.*

Bis heute existiert in Zürich unter dem Namen Orell-Füssli ein Firmenzusammenschluss, dem neben anderen Unternehmen auch Druckereien und Buchhandlungen angehören und der in direkter Nachfolge zu Froschauers Betrieb steht.

## Als Sklavenhändler in die Neue Welt
*Bartholomäus Blümlein (1506–1585)*

»Nomen est omen«, lautet bekanntlich ein altes Sprichwort. Im Falle von Bartholomäus Blümlein aus Nürnberg trifft dies allerdings weniger zu, denn bei seinem Namen würde man wohl eher auf eine Zeichentrickfigur oder einen Zirkusclown schließen. Bartolomé Flores klingt da schon um einiges verwegener und genau das war sein Träger wohl auch, denn sonst wäre er nicht im 16. Jahrhundert in die Neue Welt gesegelt. Dort verdiente er nicht nur eine Menge Geld, sondern erlangte auch noch den Titel »erster deutscher Einwanderer in Chile«. Aus heutiger Sicht müsste sich Blümlein, der sich auch Blümel oder Blumenthal nannte, sicher den Vorwurf gefallen lassen, dass er sich in den Dienst der spanischen Eroberer stellte, die ja keineswegs nur auf friedliche Handelsbeziehungen aus waren. In historischen Quellen wird Blümlein allerdings als weitgehend »indianerfreundlich« beschrieben. Dieser Einschätzung entspricht, dass seine offizielle Lebenspartnerin die Tochter eines Inkafürsten war, außerdem ernannte Blümlein die gemeinsame Tochter zur Erbin seiner Besitztümer. Darüber hinaus stiftete Bartholomäus Blümlein, der seinen Namen ins Spanische übersetzte und sich in der neuen Heimat Bartolomé Flores nannte, im Lauf seines Lebens etliche wohltätige Einrichtungen, darunter ein Hospital, in dem ausdrücklich auch die Indios Recht auf medizinische Behandlung erhielten. Allerdings konnte sich Blümlein leicht generös zeigen, denn seine Geschäfte garantierten ihm einen nie versiegenden Strom an Einnahmen.
Dass ihm mit nur zwanzig Jahren ein lukrativer Job jenseits des Atlantiks winkte, hatte Blümlein seinem Landsmann Lazarus Nürnberger zu verdanken. 1499 in Neustadt an der Aisch geboren, war Nürnberger schon als Jugendlicher zum Weltreisenden geworden. Wie bald auch Blümlein, der sechs Jahre jünger ist, legt Nürnberger eine Karriere wie im Zeitraffer

*Pedro de Valdivia (hier auf einem Porträt aus dem 19. Jahrhundert) vergalt Blümleins finanzielle Hilfe mit Ämtern und Grundbesitz.*

hin: Als Siebzehnjähriger begibt er sich im Auftrag der Handelsfamilie Hirschvogel von Nürnberg aus nach Lissabon, um von dort mit einem Handelsschiff nach Goa an der Westküste Indiens zu segeln. Mit neunzehn Jahren kehrt er für ein paar Monate in seine fränkische Heimat zurück, um dann wieder Richtung Süden aufzubrechen: In Sevilla soll er die dortige Filiale der Hirschvogels in Schwung bringen. Spanien ist zu jener Zeit die Schaltzentrale des mächtigsten Herrschers der Welt: Kaiser Karl V. aus dem Hause Habsburg hatte von seiner Mutter, Johanna der Wahnsinnigen, nicht nur die Königreiche Kastilien, Aragon, Neapel, Navarro und Sizilien, sondern auch die spanischen Kolonien in Amerika geerbt. Und dort gab es bekanntlich eine Menge Gold, das der Kaiser bestens für seine leere Staatskasse gebrauchen konnte. Zwischen Karl und den begehrten Schätzen lag aber nicht nur der weite Atlantik, dazwischen standen auch die eigentlichen Besitzer, die Herr-

scher der Azteken und Inka. Um sich der riesigen Goldvorräte der indianischen Ureinwohner zu bemächtigen, brauchte der Kaiser willfährige Partner: Militärs, Seefahrer und Handelsleute, die sich, mit Aussicht auf eine satte Beteiligung, bereit erklären, den Indios Land und bewegliches Hab und Gut zu entreißen.
Lazarus Nürnberger beweist in diesem Kampf um den goldenen Kuchen ein glückliches Händchen: 1525 erhält er, zusammen mit seinem Handelspartner Jakob Cromberger, als erster Deutscher von Kaiser Karl V. die Erlaubnis, in den Transatlantikhandel einzusteigen und auf der Karibikinsel Hispaniola eine Niederlassung zu gründen. Als einen von drei Geschäftsführern vor Ort engagiert Nürnberger seinen Landsmann Bartholomäus Blümlein, einen gelernten Zimmermann, der sich als Händler betätigte. Wie sich die Verbindung der beiden Franken ergab, ist leider nicht bekannt.
Blümlein reiste Ende 1526, mit gerade einmal zwanzig Jahren, nach Santo Domingo auf Hispaniola, von wo aus er nicht nur den reibungslosen Transport des mittel- und südamerikanischen Goldes nach Spanien regeln, sondern auch den Handel mit anderen Gütern vorantreiben sollte, darunter Perlen, Zucker – und Sklaven. Anfang der 1530er Jahre kehrte Blümlein – die Quellen sind sich da aber nicht ganz sicher – noch einmal für zwei Jahre nach Europa zurück, um sich danach für immer in der Neuen Welt niederzulassen. Die weiteren Stationen auf seinem Weg sind zuerst wieder Hispaniola, dann Nicaragua und Peru. Dort lernt er Pedro de Valdivia kennen, einen spanischen Konquistador, der 1537 von Francisco Pizzaro angeworben wurde, um einen spanischen Konkurrenten, der Pizzaro die Macht in Peru entreißen möchte, zu entmachten. Blümlein schließt sich Valdivia an und wird an dessen Seite in einen blutigen Bürgerkrieg verwickelt, den Pizzaro für sich entscheiden kann. Als Dank für die Unterstützung gewährt Pizzaro Valdivia die Erlaubnis, die Gebiete des späteren Chile zu erobern.
Blümlein stellt Valdivia dazu eine große Menge Gold sowie

*Historische Landkarte von Santiago*

Pferde und Sklaven zur Verfügung und erhält im Gegenzug ein offizielles Amt: Weil er schreiben kann, ernennt ihn Valdivia, der nun Gouverneur von Chile ist, zum Nachlassverwalter für verstorbene Landsleute. Am 12. Februar 1541 unterzeichnet Valdivia die Gründungsurkunde von »Santiago del Nuevo Extremo«, heute Santiago de Chile. Blümlein ist der einzige von Valdivias Gefolgsleuten, dessen Unterschrift auf dem Dokument fehlt: Am Tag zuvor war er mit einer Gruppe Soldaten ins Hinterland geritten und nicht mehr rechtzeitig für die Zeremonie zurückgekehrt.

Ein halbes Jahr nach Gründung von Santiago erhält Blümlein das Amt des Stadtkämmerers und zudem die Grundherrschaft über ausgedehnte Ländereien. Dort betreibt er Weinbau, lässt Weizen, Gerste, Mais und Bohnen anpflanzen und züchtet Schweine und Pferde. Später errichtet er noch eine Wassermühle und steigt in die Produktion von Fuhrwerken ein. Bei der Hochzeit mit der Tochter eines Inka-Statthalters erhält er als Mitgift weitere Ländereien. Aus der Ehe mit seiner Frau Elvira geht eine Tochter, Agueda, hervor, die ein stolzes Alter von 91 Jahren erreichen sollte. Sie heiratete den deutschen

*Das von Blümlein unterstützte Hospital existierte bis zum 19. Jahrhundert.*

Konquistador Peter Lisperger, auf Spanisch Pedro Lisperguer, der 1572 zum Bürgermeister von Santiago ernannt wurde. Bartolomé Flores hat zu dieser Zeit nicht nur in wirtschaftlicher, sondern auch in religiöser Beziehung sein Feld schon bestellt: Als gläubiger Christ ist ihm die Warnung: »Eher geht ein Kamel durchs Nadelöhr als ein Reicher in den Himmel« wohl bekannt, weshalb er zur Errettung seiner Seele ein Hospital gestiftet hatte, dem er später auch die Erträge aus seiner Getreidemühle überschrieb. Als Bartolomé Flores 1585 sein Testament verfasste und kurz darauf im Alter von 79 Jahren starb, war aus dem Nürnberger Zimmermann nicht nur der erste deutsche Siedler in Chile, sondern auch der wohlhabendste Bürger dieses neuen Koloniallandes geworden.

# *Lautenmacher von Weltrang*
*Familie Tieffenbrucker (16. und 17. Jahrhundert)*

Nicht nur das handwerkliche Können der Lautenbauerfamilie Tieffenbrucker aus Roßhaupten stellte sich als harte Nuss für die Konkurrenz dar, auch ihr typisch bayerischer Name erwies sich besonders für Französisch und Italienisch sprechende Zeitgenossen als tückischer Zungenbrecher: In den schriftlich überlieferten Quellen findet sich von Tieffenbrugger über Tiefenbrucker, Tueffenbrugger, Tuiffenbrugger, Deuffenbrugger, Duiffenbrugger, Dieffopruchar, Dieffoprughar, Duyfautbrochard, Dieffobrocard, Duiffoproucart, Dubrocard, Duiffopruggar bis hin zu Duiffoprugcar ein solches Wirrwarr an unterschiedlichen Schreibweisen, dass selbst Historiker große Mühe haben, den Werdegang der Familie nachzuvollziehen. Der Umstand, dass sich die aus dem Ostallgäu bei Füssen stammende Familie im 16. Jahrhundert über halb Europa verstreut hatte, erschwert die Suche nach verlässlichen Spuren noch zusätzlich.
Die Laute hatte sich in Mitteleuropa bis zum 16. Jahrhundert als weit verbreitetes Instrument vor allem in der höfischen Musik entwickelt, ihre Anfänge reichen jedoch bis in die Zeit um 2000 vor Christus zurück. Der Begriff »Laute« stammt vom Arabischen »Al du« und bedeutet »Holz«. Dass in der Gegend um Füssen nachweislich seit Ende des 14. Jahrhunderts Lautenmacher oder »Lautenslacher« tätig waren, hängt mit dem dort zur damaligen Zeit reichlich vorhandenen Ebenholz zusammen, das sich als für den Instrumentenbau gut geeignetes Material herausstellte. Die langen Winter in der rauen Gebirgslandschaft zwangen die Menschen zudem, sich Beschäftigungen zu suchen, die man zu Hause in der Stube erledigen konnte – der Bau von Instrumenten entwickelte sich so zum ertragreichen Wirtschaftszweig für eine an Erwerbschancen sonst eher arme Region.
Doch die wirklich interessante Musik spielte in der Renais-

sance nicht diesseits der Alpen, sondern in den Machtzentren Italiens und Frankreichs, in Venedig und Florenz, Lyon und Paris. Entsprechend siedelten sich auch in diesem Umfeld Handwerker und Künstler an, die von der kulturellen Blüte profitieren wollten. Dank der seit römischen Zeiten bestehenden Handelsstraßen herrschte zwischen Italien und dem deutschsprachigen Raum seit jeher ein reger Austausch von Waren und Wissen. Für aufstrebende bayerische Handwerker lag es deshalb nahe, sich auf der Walz ebenfalls in Richtung Süden zu orientieren.

Dass sich Gesellen ihre Sporen in der Fremde verdienen müssen, war seit dem ausgehenden Mittelalter in vielen Zünften Voraussetzung für alle, die den Meister erlangen wollten. Der erste Handwerker der Familie Tieffenbrucker, der belegbar den Weg in die Fremde wagte, ist Caspar Tieffenbrucker, geboren 1514 in Füssen und besser bekannt unter der französischen Form seines Namens Gaspard Duiffoprugga oder Duiffopruggcar. Urkundlich nachzuweisen ist sein Wirken bisher nur in Lyon, wo sein Name als Unterschrift auf einer Weinrechnung erscheint. Sein Geburtsjahr und -ort sind durch ein Dokument bekannt, mit dem er von König Heinrich II. von Frankreich 1558 die französische Staatsbürgerschaft erhielt. Bestätigt werden diese Daten durch einen Kupferstich mit dem Porträt Caspars, gefertigt von Pierre Woeriot, das Tieffenbrucker im Alter von achtundvierzig Jahren zeigt. Über das Leben Caspars ist nicht viel bekannt, außerdem sind sich seine Biografen uneinig, ob er vor der Zeit in Frankreich noch in Italien tätig war oder ob es sich dabei um eine Verwechslung mit einem anderen Tieffenbrucker handelt. Doch das ist nicht die einzige Streitfrage. Einige Experten vertreten die Ansicht, dass der gebürtige Bayer nicht nur traditionelle Lauten baute, sondern auch eine Frühform der späteren Violine erfunden hat, die wie die Laute gezupft wurde, aber keinen bauchigen Körper mehr hatte und schon die für Geigen typische Einbuchtung der Zarge. Obwohl er als hochangesehener Meister seines Fachs galt, nahm Caspars berufliche Laufbahn

*Caspar Tieffenbrucker auf einem Kupferstich von 1562*

ein tragisches Ende. Als in Lyon die dortige Festung ausgebaut werden sollte, gehörten Tieffenbruckers Haus und Werkstatt zu den Gebäuden, die dem Abriss zum Opfer fielen – und das offenbar ohne finanzielle Entschädigung. Dem damals Fünfzigjährigen gelang es anschließend nicht mehr, Fuß zu fassen – ob aus psychischen oder finanziellen Gründen, ist nicht klar; den Weg in den wirtschaftlichen Abgrund konnte Caspar auf jeden Fall nicht mehr stoppen. Am Ende landete der gebürtige Bayer mit seiner Familie im Armenhaus, wo er 1571 im Alter von sechsundfünfzig Jahren starb. König Karl IX. hatte dann wenigstens ein Einsehen mit Caspars Witwe Barbe und den vier Kindern und garantierte ihnen eine Pension. Sohn Caspar baute wie der Vater ebenfalls Lauten, er war in Lyon und Paris tätig.

In Venedig war es inzwischen einem anderen Zweig der Tieffenbruckers gelungen, sich auf dem Markt zu etablieren. Der früheste nachweisbare Vertreter dieser Linie war Ulrich Duiffoprugar senior, von dem manche Historiker vermuten, dass er der Vater von Caspar gewesen sein könnte, einen tatsächlichen Nachweis dafür gibt es aber offenbar nicht. Von Ulrich ist ein in Venedig gebautes Instrument mit Signatur aus dem Jahr 1521 nachweisbar. Er hatte einen Sohn, Ulrich II., dessen Sohn Magnus III. (1580–1631) als der bekannteste Vertreter der venezianischen Tieffenbruckers gilt, die über einen Zeitraum von hundertzwanzig Jahren ununterbrochen in der Lagunenstadt tätig waren. Die familiären Verhältnisse der Tieffenbruckers lassen sich nicht nur wegen der weiten Verzweigung der Familie über mehrere Länder hinweg nur bruchstückhaft konstruieren; die Praktik, Lebensdaten schriftlich festzuhalten, begann erst gegen Ende des 16. Jahrhunderts mit der auf dem Konzil von Trient beschlossenen Verpflichtung für Pfarreien, Matrikelbücher zu führen. Der erste Eintrag mit dem Namen Tieffenbrucker in Venedig erscheint 1594 für »Magnus, den Lautenmacher«, der mit seiner Frau Anna, einem Tagelöhner und zwei Lehrlingen namens Zorzi und Jacomo in der Pfarrei San Salvatore lebt. Einen Einblick in die wirtschaftlichen Verhältnisse der Tieffenbruckers ermöglichen zwei überlieferte Inventare für ein Geschäft, das von den Brüdern Magnus II. und Moisé Tieffenbrucker gemeinsam betrieben worden war. Die beiden hatten das Geschäft 1560 nach dem Tod ihres Vaters, Magnus I., übernommen. Anfangs hatte neben Magnus II. und Moisé auch noch ein weiterer Bruder, Abraham, im Geschäft mitgearbeitet. Er ging dann aber andere Wege und musste 1575 aus Venedig fliehen, nachdem er, als Anhänger des lutherischen Glaubens verdächtigt, in die Fänge der Inquisition geraten war. (Abraham war, wie auch Moisé und Magnus II., 1565 schon einmal der Ketzerei bezichtigt worden, als die venezianischen Inquisitoren einen anonymen Bericht erhalten hatten, dass die drei Brüder nicht an die heilige Messe, das Fegefeuer und Sünden glaubten, den Papst nicht als

Autorität anerkannten, lutherische Schriften besäßen und an verbotenen Tagen Fleisch verspeisten. Die Anschuldigungen verliefen damals aber offenbar im Sande.) Abrahams Flucht ließen seine Häscher nun aber nicht einfach auf sich beruhen. Wie Dokumente zeigen, forschten sie in Vicenza nach, ob er sich dort aufhalte, erhielten aber keine befriedigende Antwort: Es gebe zwar einen Lautenmacher in der Stadt, der öfters nach Lyon reise, um dort Instrumente zu verkaufen, doch dabei handle es sich um einen gewissen »Simonetto«, beschied der Magistrat den venezianischen Behörden. Ob es sich dabei um Abraham handelte, der sich einen Decknamen zugelegt hatte, bleibt unklar. Abrahams Brüder in Venedig hatten sich in der Zwischenzeit offenbar geschäftlich voneinander getrennt, was aber wohl in gegenseitigem Einvernehmen geschah, denn von

»Der Lautenspieler«, Gemälde von Caravaggio aus dem Jahr 1596

*Eine 1595 von Wendelin Tieffenbrucker in Padua gefertigte Laute im Musikmuseum in Rom*

Streitigkeiten ist in den notariellen Verträgen nichts erwähnt. Als Magnus 1577 starb, übernahm Moisé die Werkstatt des Bruders wieder, um sie als Vormund für dessen erst sieben Jahre alten Sohn zu führen, bis dieser selbst ins Geschäft einsteigen konnte.

Die beiden kurz hintereinander gefertigten Inventare zeigen auf jeden Fall, dass die Tieffenbrucker'sche Werkstatt kein kleiner Hinterhofbetrieb gewesen sein kann, denn es sind mehr als fünfhundert Lauten in verschiedenen Stadien der Fertigstellung aufgeführt, dazu noch dreißig Instrumente der Luxusklasse, für die teilweise Elfenbein verwendet wurde, außerdem zweihundert Lautenkörper und eine große Menge an Einzelteilen, darunter neunhundert Dutzend Saiten. Um all das Material lagern zu können, hatten die Brüder zusätzlich zum Laden vier Räume gemietet. In Archiven erhalten gebliebene Steuerlisten und Testamente zeigen, dass die venezianischen Tiefenbruckers nicht nur beim Bau von Instrumenten Geschick bewiesen. Mit dem Erwerb von landwirtschaftlichen Ertragsflächen auf dem Festland und der Vergabe von verzinsten Krediten legten sie ihren Gewinn weitblickend an.

Nur etwa fünfzig Kilometer von Venedig entfernt, in Padua, war ein weiterer Tieffenbrucker tätig, aus dessen Händen ein Großteil der heute noch vorhandenen Instrumente stammt: Wendelin oder Vendelio Duiffopruggar, der auch den Künstlernamen Vendelio Venere verwendete. Wendelins Modelle zeichnen sich vor allem durch die aufwändige Konstruktion des Instrumentenkorpus aus, den er nicht, wie bis dahin üblich, aus einem Dutzend Holzteile fertigt, sondern für den er bis zu fünfzig Lamellen verwendet, teilweise in verschiedenen Farben, wodurch die Instrumente zu vielbegehrten Unikaten wurden. Auch Wendelins Nachfahren waren im Instrumentebau tätig, namentlich bekannt sind davon vor allem sein Schwiegersohn Michael Hartung und sein Neffe Christoforo Heberle.
Dass der Name Tieffenbrucker ab Mitte des 17. Jahrhunderts immer seltener auftaucht, mag daran gelegen haben, dass die männlichen Nachfolger der Familie weniger wurden und dass sich gleichzeitig der Markt veränderte. Denn die Laute, wie Caspar, Magnus, Wendelin und all die anderen Mitglieder der ursprünglich bayerischen Familie sie so meisterhaft fertigten, musste zunehmend einem anderen Instrument weichen: der Geige, die nicht mehr gezupft, sondern gestrichen wurde. Im 19. Jahrhundert sollte zumindest der Name der Tieffenbruckers aber noch einmal aufleben, wenn auch nicht durch Zutun der Familie selbst. Ein französischer Geigenbauer namens Jean-Baptiste Vuillaume (1798–1875), der eigentlich als herausragender Geigenbauer seiner Zunft galt, begann, Instrumente im Stil der Tieffenbruckers zu bauen und auf alt zu trimmen, was bis heute immer wieder für Verwirrung bei Historikern und Sammlern sorgt. Was den Franzosen dazu trieb, diese Fälschungen auf den Markt zu bringen, darüber kann nur spekuliert werden. Möglicherweise versuchte Vuillaume, die Geschichte der Laute »umzuschreiben« mit der Absicht, dass Historiker französischen Instrumenten in der Zeit der Renaissance eine größere Rolle zuschreiben würden.
In der ursprünglichen Heimat der Tieffenbruckers rund um

Füssen hatte sich trotz der Emigration zahlreicher Handwerker nach Oberitalien und Frankreich ebenfalls eine namhafte Produktion von Instrumenten entwickelt, die 1562 in der Gründung der ersten Lautenmacherzunft Europas gipfelte. Auch im Allgäu verlagerte sich der Instrumentenbau im 17. Jahrhundert von der Laute zur Geige, wobei es den ansässigen Handwerkern bis ins 19. Jahrhundert gelang, diesen für die Region so wichtigen Erwerbszweig zu erhalten. Die historischen Instrumente der Tieffenbruckers sind heute über die ganze Welt verstreut in Museen zu bewundern, unter anderem im Metropolitan Museum in New York, im Museum der Cité de la Musique in Paris sowie im Germanischen Nationalmuseum zu Nürnberg. In Füssen erinnert eine Brunnenfigur auf dem Brotmarkt an die berühmte Lautenbauerfamilie mit Allgäuer Wurzeln.

## In der Meisterklasse der Barockkünstler
*Balthasar Permoser (1651–1732)*

Bayerische Bauernbuben des 17. Jahrhunderts hatten einen eher eng gesteckten Bewegungsradius und viele kamen wahrscheinlich nur selten über die Grenzen ihrer Pfarrgemeinde hinaus. Balthasar Permosers Lebensweg, der 1651 im kleinen Dörfchen Kammer bei Traunstein begann, führte ihn nicht nur durch halb Europa, sondern auch schnurstracks an die Spitze der barocken Künstlerelite. Noch eindrucksvoller wird Permosers Karriere, wenn man die Namen seiner Auftraggeber liest, die heute in jeder Chronik der Weltgeschichte vertreten sind: Prinz Eugen von Savoyen, Cosimo de' Medici und Kurfürst August der Starke sind nur einige der illustren Herrschaften, die sich mit den Kunstwerken des Kammerers schmückten.
Trotz dieses Ausnahmestatus ist über die Person Permosers heute nur wenig bekannt. Seinen Werdegang mussten Kunsthistoriker deshalb mühsam über Hinweise in überlieferten Rechnungen und Aufträgen konstruieren. Wann und vor allem durch welche Umstände er den elterlichen Bauernhof in Bayern verließ, um Bildhauer zu werden, weiß man nicht. Den Chroniken zufolge soll er bei Wolfgang Weißenburger in Salzburg in die Lehre gegangen sein – ein eindeutiger Beleg dafür existiert aber nicht.
Dokumente in Florenz bezeugen lediglich, dass sich Permoser in der Anfangszeit seiner Karriere als »Baldassare de Salisburgo« – Balthasar aus Salzburg – bezeichnete, weshalb dann wohl gefolgert wurde, dass Weißenburger, der damals in der Domstadt tätig war, den Buben im Bildhauen unterwiesen hatte. Dass Permoser als bayerisches Landeskind für die Lehre ins Ausland ging, leuchtet angesichts der geografischen Lage seines Geburtsortes ein: Der Herrschaftsbereich des damaligen Fürstbischofs von Salzburg, der nicht nur die kirchliche, sondern auch die politische Macht über das Bistum ausübte,

reichte quasi bis zur Haustüre des Permoser'schen Hofs: Das nur vier Kilometer vom Neumayergut in Kammer entfernte Otting war schon salzburgisch. Der Ort sollte später noch eine Rolle in Permosers Leben spielen: 1691 stiftete Permoser der Pfarrgemeinde ein Kapital von tausend Gulden, mit dem eine Schule gebaut und ein Lehrer finanziert werden sollte. Aus dem dazu verfassten Stiftungsbrief geht hervor, dass Balthasar nicht lesen und schreiben konnte, als er seine Lehrzeit begann, weshalb er der Jugend in seiner Heimat nun ermöglichen wolle, diese Fertigkeiten zu erlernen. Permoser schuf sich mit dieser Stiftung gleichzeitig einen Notgroschen. Von den jährlichen fünfzig Gulden Zinsen bekam der Lehrer der Schule ein Gehalt von fünfundzwanzig Gulden, die andere Hälfte musste aufbehalten und an Permoser ausgezahlt werden, falls dieser sich »wider Verhoffen mit seiner Kunst nicht mehr erhalten könnte«. Allerdings trat dieser Umstand nicht ein, die angesparte Summe floss deshalb nach dem Tod Permosers zurück in das Stiftungskapital und wurde für den Unterhalt der Schule verwendet.

Aufgrund fehlender Informationen lässt sich nicht mehr feststellen, was ihn ausgerechnet nach Wien führte, wo er drei Jahre blieb. Und was ihn dann bewog, sein Glück in Italien zu versuchen, bleibt ebenfalls im Dunkeln. 1674/75 war Permoser nachweislich in Rom tätig, wo er die Bekanntschaft des päpstlichen Bildhauers und Architekten Gian Lorenzo Bernini machte. Permoser wird sich in seiner Arbeit an den Werken dieses großen Meisters orientieren; er kopiert Bernini aber nicht einfach, sondern entwickelt dessen Stil nach eigenem Empfinden weiter. Nach wiederum etwa drei Jahren zieht es Permoser nach Florenz. Die Blütezeit der toskanischen Hauptstadt und ihrer einst so allmächtigen Herrscherfamilie ist zwar längst vorbei, doch ein Rest des fürstlichen Glanzes der Medici ist auch jetzt noch vorhanden – inklusive finanzieller Mittel, die weiter in die Kunst fließen. Dokumente belegen, dass »Baldassare«, wie er sich jetzt nennt, vierzehn Jahre in Florenz tätig war. Wie er zu seinem Zusatznamen »Fiammingo«

gekommen ist, mit dem er in zeitgenössischen Dokumenten bezeichnet wird, bedürfte einer näheren Betrachtung: Ob sein Stil an holländische Meister erinnerte? Oder handelt es sich um ein bloßes Missverständnis?

Seine Kunstfertigkeit perfektionierte der »flämische« Oberbayer auf jeden Fall weiter und so ist es vielleicht Zufall, jedoch kein Wunder, dass sich eines Tages die Wege Permosers und eines gewissen Grafen von Meißen in der Stadt am Arno kreuzten. Die Begegnung des neununddreißigjährigen Künstlers mit dem achtzehnjährigen Jüngling, der sich auf der für Adelige damals typischen »Grand Tour« befand, erwies sich auf jeden Fall als entscheidend für das weitere Leben Permosers. Der »Graf von Meißen« war nämlich kein anderer als Kronprinz Friedrich August von Sachsen, der spätere Kurfürst sowie in Personalunion König von Polen, genannt »August der Starke«. August sollte nicht nur wegen seines ausgeprägten Hangs zum

*Als sächsischer Hofbildhauer fertigte Permoser Hunderte von allegorischen Skulpturen für den Dresdner Zwinger.*

*Historische Darstellung des Kronentors am Zwinger, Aquarell von Samuel Prout um 1830*

weiblichen Geschlecht in die Geschichte eingehen, er war auch ein großer Kunstliebhaber und wenn es die manchmal leider glücklosen Staatsgeschäfte und wechselnden Techtelmechtel mit diversen Damen zuließen, widmete er sich der Aufgabe, seine altbackene Residenzstadt Dresden architektonisch aufzumöbeln. Bekanntestes Resultat der Bautätigkeiten Augusts ist heute unter anderem der Zwinger, dessen Gartenanlage der Kurfürst für seine rauschenden Hoffeste verwendete. Die architektonische Planung des Zwingers stand unter der Leitung von Matthäus Daniel Pöppelmann. Für die künstlerische Ausgestaltung verantwortlich war: Balthasar Permoser. Der junge Friedrich August hatte den Bildhauer in Florenz überredet, seinen Arbeitsplatz nach Sachsen zu verlegen. 1690, ein Jahr nach dieser Begegnung, traf der zukünftige Hofbildhauer in seiner neuen Heimat ein. Einundvierzig Jahre und damit die Hälfte seines Lebens sollte er in der Elbstadt verbringen – allerdings immer wieder von Reisen unterbrochen.

Die Schaffensbreite von Permosers Werken für den sächsischen Hof reichte von tonnenschweren Steinfiguren bis hin zu filigranen Elfenbeinplastiken, die man ohne Mühe in der Handtasche transportieren könnte. Etliche dieser kleinen Kostbarkeiten aus dem Besitz der sächsischen Herrscher sind heute im Grünen Gewölbe des Zwingers ausgestellt, darunter aus Holz geschnitzte Mohrenfiguren, allegorische Statuetten aus Elfenbein sowie eine Nautilusschnecke, die mit Silber verziert zu einem Pokal umgearbeitet ist. Über das persönliche Lebensumfeld Permosers ist, wie schon aus der Zeit in Österreich und Italien, auch aus der sächsischen Ära so gut wie nichts überliefert. Es wird jedoch kolportiert, dass der Künstler dem Kurfürsten gegenüber durchaus resolut aufzutreten pflegte und mitunter gar auf die übliche Etikette pfiff. So soll sich Permoser bei Audienzen ganz einfach frech hingesetzt haben – was so manchen Hofschranzen sicher an den Rand der Ohnmacht geführt hat, denn so ein Benehmen war für einen Hofbediensteten, selbst wenn er ein begnadeter Künstler war, einfach undenkbar.

Permosers »Ausscheren« aus der Konvention zeigte sich noch an einer anderen Stelle: 1715 veröffentlichte er eine Streitschrift, in der er für das Tragen von langen Bärten plädierte. Auch wenn das Werk durchaus satirisch gedacht sein mag, ein Hinweis darauf, dass Permoser keiner war, der hohen Herrschaften nach dem Mund redete, ist es allemal. Dass er selbst tatsächlich einen Bart trug, und das entgegen der damals vorherrschenden Mode, zeigt das einzige authentische Porträt

*Das einzig authentische Porträt Permosers hängt im Heimathaus in Traunstein.*

Permosers. Er selbst hat das Ölbildnis um 1712 in Auftrag gegeben und verfügt, dass es in der Schule in Otting aufgehängt wird. Heute ist es als Leihgabe der Kirchenstiftung Kammer im Traunsteiner Heimathaus zu sehen. Permoser, der zum Zeitpunkt der Fertigung sechzig Jahre alt war und sich schaffensmäßig gerade in der Ära der Zwingerplastiken befand, blickt dem Betrachter mit wachem, sympathischem Blick entgegen, ein weise-verschmitztes Lächeln auf den Lippen. Permosers Antlitz erscheint auch dreihundert Jahre nach der Entstehung des Bildes so lebendig, dass man echtes Bedauern verspürt, nicht den Künstler selbst von all seinen sicher spannenden Erlebnissen berichten zu hören. Balthasar Permoser stirbt im einundachtzigsten Lebensjahr 1732 in Dresden und ist auf dem dortigen katholischen Friedhof begraben.

# *Ein Leben für die Karriere der Kinder*
## Leopold Mozart (1719–1787)

Heutigen Maßstäben zufolge wäre er wohl so etwas wie die berühmt-berüchtigte »Eislaufmutter«, die als Sinnbild für Eltern steht, die ein talentiertes Kind schon von klein auf für eine gewinnbringende Karriere drillen. Dennoch täte man Leopold Mozart unrecht, würde man ihn als Rabenvater abstempeln, der aus seinem Buben Joannes Chrysostomus, wie dessen Taufname lautete, das Wunderkind Wolfgang Amadeus züchtete, nur weil er selbst nicht über die Rolle eines mittelmäßigen Musikers hinauskam. Ohne Leopolds profunde Erziehung wäre Wolfgang Amadeus sicher nicht zu jenem Künstler gereift, dessen Werke noch Jahrhunderte später Konzertsäle auf der ganzen Welt füllen.
Leopold Mozart war am 14. November 1719 als Sohn eines Buchbindermeisters in Augsburg zur Welt gekommen. Mit fünf Jahren wurde er eingeschult und ab 1729 besuchte er zuerst das Gymnasium und dann, bis zum Tod des Vaters 1736, das Lyzeum des Jesuitenkollegs St. Salvator. Wie später bei seinem Sohn zeigte sich auch bei Leopold schon früh musikalisches Talent: Als Bub spielte er Theater und trat als Sänger auf, unter anderem im Chor der Kirchen von St. Ulrich und Afra und Heiligkreuz. Über seine weitere musikalische Ausbildung gibt es allerdings keine überlieferten Informationen. 1737 verließ Leopold Augsburg, um in Salzburg Philosophie und Jura zu studieren. Die Juristerei war offenbar nicht ganz nach dem Geschmack des Herrn Studenten, denn nach zwei Jahren wurde er »wegen Faulheit« aus der Hochschule geworfen. Der geschasste Jüngling nahm daraufhin eine Stelle als Kammerdiener beim Grafen Johann Baptist von Thurn-Valsassina und Taxis an, wurde aber bald vom Lakaien zum Musiker befördert. Fünf Jahre später, im Alter von fünfundzwanzig Jahren, erhielt Leopold, der sich nun ganz auf die Musik konzentrierte, eine Anstellung als vierter Violonist in der Hofkapelle des Salzburger Fürstbischofs. Wie damals

üblich, musste er zunächst ein paar Jahre mehr oder weniger umsonst arbeiten, ehe er ab 1747 ein regelmäßiges Gehalt bezog. Jetzt konnte er endlich Anna Maria Pertl heiraten, die er schon seit Jahren kannte und mit der er nach der Hochzeit in ein Haus in der Salzburger Getreidegasse zog. Anna Maria war die Tochter des erzbischöflichen Pflegkommissärs Wolfgang Nikolaus Pertl und dessen Frau Euphrosia. Pertl, 1667 in St. Gilgen am Wolfgangsee geboren, hatte in Salzburg Rechtswissenschaften studiert und war begeisterter Sänger – das musikalische Talent Wolfgangs dürfte damit wohl von beiden Elternteilen vererbt worden sein. Leopold Mozarts Frau Anna Maria war 1720 zur Welt gekommen und mit vier Jahren Halbwaise geworden. Da die Rente für Beamtenwitwen damals alles andere als üppig war, lebte das kleine Mädchen mit Mutter und Schwester in prekären finanziellen Verhältnissen. Es war für sie deshalb keine große Umstellung, als sie mit Leopold einen Musiker heiratete, der kein allzu üppiges Salär aus der Tasche des Erzbischofs erhielt. Salzburg war zu Mozarts Zeiten ein selbständiges Fürstbistum, bei dem der jeweilige Amtsinhaber nicht nur die kirchliche, sondern auch die weltliche Macht ausübte. Wie alle Fürsten der damaligen Zeit, hielten auch die Salzburger Erzbischöfe standesgemäß Hof, und dazu gehörte der Betrieb eines eigenen Orchesters. Zu Leopolds Pflichten gehörte aber nicht nur die Unterhaltung seines Brötchengebers; er war auch dafür zuständig, den Buben des Domchores das Geige- und Klavierspielen beizubringen. Leopold Mozart hatte dazu – im Geburtsjahr von Wolfgang Amadeus, 1756 – ein umfangreiches Lehrbuch verfasst mit dem Titel »Versuch einer gründlichen Violinschule«. Das Buch erwies sich als Bestseller und das weit über die Grenzen Salzburgs hinaus: »Ein Werk von dieser Art hat man schon lange gewünscht, aber sich kaum getraut zu erwarten: Der gründliche und geschickte Virtuose, der vernünftige und methodische Lehrmeister, gelehrte Musikus; diese Eigenschaften [...] entwickeln sich all hier zusammen«, schwärmte der damals bekannteste deutsche Musikkritiker Friedrich Wilhelm Marpurg über Mozarts Violinschule, die sich vor allem

*Leopold Mozart, Titelbild der Erstausgabe seiner Violinschule aus dem Jahr 1756*

wegen ihres sinnvollen didaktischen Aufbaus von bisherigen Lehrbüchern unterschied. Leopold Mozart war aber nicht nur ein talentierter Theoretiker; er besaß auch in der Praxis großes pädagogisches Geschick: Er erkannte, dass Kinder nur dann gerne lernen, wenn sie zwar gefordert, aber nicht ständig überfordert werden.

Beinahe hätte Leopold seine Fähigkeiten aber gar nicht bei eigenen Kindern unter Beweis stellen können, denn das junge Ehepaar musste ein ums andere Mal ein Baby zu Grabe tragen. Von sieben Kindern sollten nur Maria Anna, geboren 1751, und Wolfgang, geboren 1756, das erste Lebensjahr überstehen. Dafür zeigten »Nannerl« wie auch »Woferl« oder »Wolfgangerl«, wie die beiden gerufen wurden, zur Freude des Vaters schon von klein auf große Begabung auf musikalischem Gebiet. Als Nannerl im Alter von acht Jahren vom Vater Klavierunterricht erhält, sitzt der dreijährige Woferl daneben und hört fasziniert zu, welch wunderbare Klänge die Schwester dem Kasten mit den Tasten entlockt. Wie alle Kleinkinder muss er das natürlich schnell auch selbst probieren, und nun ist es an den Eltern, über ihren Dreikäsehoch zu staunen. Ein Jahr später notiert ein stolzer Vater in Nannerls Notenheft: »Diese vorgehenden acht Menuette hat d. Wolfgangerl im 4ten Jahr gelernt.« Wieder ein Jahr später gelingt dem Bub der nächste Quantensprung, als er – mit fünf Jahren – sein erstes Menuett komponiert. Leopold widmet nun einen Großteil seiner Zeit allein der Erziehung und musikalischen Ausbildung der beiden Kinder, die nie eine Schule besuchen sollten. Der Vater ist ein strenger Lehrer, der keinen Widerspruch duldet und auf Zucht und Ordnung hält, seine Haltung steht damit ganz im Einklang mit der damaligen Zeit: »Kindheit« im heutigen Sinn ist ein Konstrukt der Moderne. Kinder früherer Jahrhunderte wurden als kleine Erwachsene behandelt und mussten sich auch entsprechend benehmen und beschäftigen. Selbst Spielzeug war nicht zur Belustigung gedacht, sondern dazu, die Rollen einzuüben, die im späteren Leben auf Buben und Mädchen warteten. Bei Anna Maria und Wolfgang war das nach Ansicht des Vaters auf jeden Fall eine musikalische Karriere. 1762 – Nannerl ist damals elf, Wolfgang sechs Jahre alt – beschließt Leopold, dass die Zeit reif ist, der Welt das außergewöhnliche Talent seiner beiden Sprösslinge, besonders natürlich die Begabung des kleinen Woferl, vorzuführen.

Für den Vater wie auch für die Kinder begann damit ein Lebensabschnitt, der sie nicht selten bis an den Rand der Erschöpfung bringen sollte. In Zeiten, in denen das Tagespensum einer Postkutsche bei etwa fünfzig Kilometern lag, Ziele wie Wien, Paris, London oder auch nur München und Augsburg zu bereisen, war alles andere als ein Honigschlecken. Löchrige Landstraßen, kalte Kutschen, defekte Deichseln und dreckige Spelunken gehörten zum Alltag der Reisenden. Trotz mangelnden Komforts verschlangen die Kosten für Transport, Unterkunft und Ausstattung darüber hinaus noch einen Großteil der Gagen, ehe diese überhaupt verdient waren. Leopold Mozart musste deshalb immer wieder die Hilfe seines Vermieters und Freundes Lorenz Hagenauer in Anspruch nehmen, der ihm Geld zum Beispiel für die Anmietung einer eigenen Karosse vorschoss, damit die Familie nicht mit anderen Fahrgästen zusammengepfercht in der öffentlichen Postkutsche reisen musste. Für Leopold Mozart, der anfangs noch von seiner Frau auf den Reisen begleitet wurde, waren die Konzerttouren kaum weniger stressig als für die Kinder; denn wenn die Strapazen der Straße überwunden waren, folgte meist postwendend die nächste schwierige Situation: Hohe Herrschaften gefielen sich nämlich darin, etwaige Günstlinge lange vor verschlossenen Tür stehen zu lassen, um ihnen zu zeigen, wer am längeren Hebel saß.

*Vater Leopold mit Wolfgang und Nannerl beim Musizieren. An der Wand ein Porträt der 1778 verstorbenen Mutter. Kupferstich nach einem Gemälde von Johann Nepomuk della Croce um 1780.*

Und egal, wie sperrig ein Gönner sich dabei auch gab: Vater Mozart musste seinen Zorn hinunterschlucken und gute Miene machen, denn ein falsches Wort – und die Chancen auf ein Engagement oder eine Empfehlung waren auch schon vertan. Leopold besaß das notwendige Fingerspitzengefühl im Umgang mit Höhergestellten, Sohn Wolfgang sollte dagegen Zeit seines Lebens anecken – ein Punkt, der in späteren Jahren zu anhaltenden Spannungen zwischen Vater und Sohn führen würde. Auch wenn die beiden kleinen Musiker anfangs als Wunderkinder bestaunt wurden, ergab sich langfristig daraus kein festes Engagement für Wolfgang, und das trotz der vielen Reisen mit Dutzenden von Konzerten. Wolfgang musste sich deshalb im Alter von sechzehn Jahren mit einer Stelle bei Leopolds Arbeitgeber, dem Salzburger Fürstbischof, zufriedengeben. Doch diese Verbindung stand von Anfang an unter keinem guten Stern – Hieronymus von Colloredo waren die beiden Mozarts nämlich zu reisefreudig. Der Salzburger Landesherr gewährte Leopold 1777 dann auch keinen Urlaub, um Wolfgang auf eine

*Das Wohnhaus der Familie Mozart am Makartplatz in Salzburg um 1830*

Tournee nach Paris zu begleiten – vielleicht als Retourkutsche für das ungestüme Verhalten des jungen Mozart, der sich um Anweisungen seines Dienstherrn herzlich wenig scherte. Mutter Anna Maria musste als Reisebegleiter einspringen – und sollte ihre Heimat nie mehr wiedersehen, denn am 3. Juli 1778 starb sie völlig unerwartet mit achtundfünfzig Jahren in der französischen Hauptstadt. Jetzt muss Nannerl den Haushalt der Familie führen, die erst im Jahr zuvor von der Getreidegasse ins sogenannte Tanzmeisterhaus umgezogen war.

In der neuen Wohnung mit acht Zimmern sollte es in den folgenden Jahren immer stiller werden. Wolfgang, der zuvor sowieso die meiste Zeit unterwegs war, zerwarf sich 1781 endgültig mit dem Erzbischof und ging nach Wien, Nannerl heiratete 1784 und zog mit ihrem fünfzehn Jahre älteren Mann Johann Berchtold von Sonnenberg nach St. Gilgen. Die letzten Jahre waren für Leopold Mozart ziemlich einsam; das Verhältnis zu seinem Sohn hatte sich seit Wolfgangs Übersiedelung nach Wien nämlich nicht verbessert. Dem Vater lag nicht nur der sorglose Umgang Wolfgangs mit seinen Finanzen im Magen, er lehnte auch dessen Frau Constanze Weber ab, die der Sohn auf der Reise nach Paris in Mannheim kennengelernt und 1782 geheiratet hatte. Leopold und Wolfgang sollten sich nach dessen Weggang aus Salzburg nur noch zweimal sehen: 1783 besuchte Wolfgang den Vater in der ehemaligen Heimat, 1785 reiste dieser nach Wien.

Leopold Mozart starb zwei Jahre später, im Mai 1787, im Alter von achtundsechzig Jahren, wahrscheinlich an Magenkrebs. Sein Sohn, dessen musikalische Leistung erst von der Nachwelt wirklich honoriert wurde, überlebte den Vater nur um vier Jahre. Von Leopold Mozart sind heute rund zweihundertfünfzig Kompositionen erhalten, darunter siebzig Sinfonien. Obwohl seine Stücke von solidem Handwerk zeugen und durchaus der Aufführung wert sind, bleibt Leopolds großer Verdienst, dass er seinem talentierten Sohn das nötige Rüstzeug vermittelte, zu einem der größten Künstler der Musikgeschichte zu werden.

## *Kaiserin für eineinhalb Jahre*
*Amélie von Leuchtenberg (1812–1873)*

Was mag in einem siebzehnjährigen Teenager vorgehen, der ans andere Ende der Welt geschickt wird, um einen Witwer zu heiraten, der tatkräftig dabei mitgeholfen haben soll, seine erste Frau frühzeitig unter die Erde zu bringen? Doch in hochherrschaftlichen Dynastien pflegte man persönliche Gefühle erst einmal hintanzustellen, wenn es darum ging, einen standesgemäßen Ehemann an Land zu ziehen. Zumal Amélie von Leuchtenberg auch noch mit einem makelhaften Stammbaum geschlagen war.
Die 1812 in Mailand geborene Prinzessin konnte zwar mit dem bayerischen König Max I. Joseph mütterlicherseits einen mehr als respektablen Großvater aufweisen, doch da gab es ja auch noch diesen Opa väterlicherseits, Napoleon Bonaparte. Der hatte Amélies Vater, Eugène de Beauharnais, zwar nur adoptiert, doch der kriegsliebende Exkaiser, inzwischen längst in seinem Exil gestorben, galt in Adelskreisen immer noch als Inbegriff des machthungrigen Bösen, und das färbte auch auf seine Nachkommen ab, egal ob blutsverwandt oder nicht.
Doch Amélies zukünftiger Ehemann, Pedro I. von Brasilien, durfte aufgrund seiner eigenen Reputation nicht allzu wählerisch sein. Sein lasterhafter Lebenswandel während der Ehe mit der österreichischen Erzherzogin Marie Leopoldine hatte dem Kaiser die Chance auf eine weitere erstklassige Partie eindeutig vermasselt. Nachdem seine Unterhändler 1828 deshalb ohne Heiratskandidatin nach Brasilien zurückgekehrt waren, warf der Witwer ein Jahr später erneut seine Netze aus, diesmal nach einer Gattin aus der zweiten Reihe, wo er dann auch endlich fündig wurde – in Gestalt der bayerischen Herzogstochter Amélie von Leuchtenberg. Ob die Braut bereits von ihrem Schicksal wusste, als die Gesandten Pedros Anfang Juli 1829 in München eintrafen, um den Antrag in trockene Tücher zu bringen, verraten die zeitgenössischen Berichte nicht. Auf

jeden Fall blieb der Auserwählten gerade mal ein Monat Zeit, um ihre Habseligkeiten zu ordnen, sich von ihrer Heimat zu verabschieden und als Kaiserin von Brasilien in ein neues Leben aufzubrechen.

Am 2. August, zwei Tage nach ihrem siebzehnten Geburtstag, wird die junge Wittelsbacherin im Leuchtenberg'schen Palais in München dem einunddreißigjährigen Kaiser aus dem portugiesischen Geschlecht der Braganza angetraut – per Stellvertreter in Person des Prinzen Carl, einem Bruder ihrer Mutter Auguste Amalie. Zwei Tage später bricht die frischgebackene Ehefrau mit ihrem Tross auf, um nach Ostende zu reisen, wo die kaiserliche Fregatte »La Imperatrice« für die Fahrt nach Brasilien bereitsteht. Die Kaiserin reist dabei inkognito als Gräfin Santa Cruz. Um die ermüdenden Feierlichkeiten in jedem Ort, in dem sie Station macht, kommt die junge Frau dennoch nicht herum. Schließlich möchte jeder, der auch nur einen halbwegs offiziellen Titel trägt, der Majestät seine Aufwartung machen. So wird sich mit den mulmigen Gefühlen, was sie in diesem Land jenseits des Atlantiks wohl erwartet, auch Erleichterung gemischt haben, als Amélie drei Wochen nach ihrer Abreise aus München endlich an Bord gehen kann. Im englischen Portsmouth sollte die Kaiserin dann das erste Mitglied ihrer neuen Familie kennenlernen: Maria da Gloria, die zehnjährige Tochter aus der Ehe ihres Mannes mit Leopoldine von Habsburg. Das Mädchen ist trotz seines noch jungen Alters bereits Königin von Portugal – zumindest auf dem Papier, denn inzwischen hatte ihr Onkel Miguel, der eigentlich die Regentschaft für das minderjährige Mädchen übernehmen sollte und mit dem sie auch gleich noch verheiratet worden war, den Thron an sich gerissen. Maria war daraufhin nach England geflüchtet und wartete nun auf das Schiff der Kaiserin, um wieder mit nach Brasilien zu segeln. Während der sechswöchigen Überfahrt wird sie der kaum älteren Stiefmutter sicher einiges über die familiären Verhältnisse im Hause Braganza erzählt haben – einen Teil davon hatte Amélie schon vor ihrer Hochzeit zu Ohren bekommen. Nicht grundlos war

eine wichtige Bedingung, in die Heirat einzuwilligen, dass ihr Gatte seine langjährige Geliebte, Domitilia de Castro, vom Hof entfernt.
Die Tochter eines Obersten hatte den Kaiser dermaßen bezirzt, dass Pedro ihr bald öffentlich Vorrang vor seiner Ehefrau Leopoldine gewährte – und diese zwang, gute Miene zum bösen Ränkespiel der Rivalin zu machen. Als Leopoldine sich nach jahrelanger Demütigung eines Tages weigerte, zusammen mit der Mätresse ihres Mannes eine Feierlichkeit zu besuchen, soll der Kaiser in einem fürchterlichen Streit seine schwangere Frau so malträtiert haben, dass diese kurz darauf eine Fehlgeburt erlitt. In der Folge entwickelte sich eine Blutvergiftung, an der die Habsburgerin im Alter von neunundzwanzig Jahren qualvoll starb. Domitilia de Castro war allerdings weder die erste noch die letzte Gespielin, die der umtriebige Kaiser in sein Bett holte. Bereits seit seinem zwölften Lebensjahr bestand Pedros liebster Zeitvertreib darin, jede Frau zu verführen, derer er habhaft werden konnte, egal ob Sklavin oder Adelige, ledig oder verheiratet. Pedro war 1798 in Portugal als Sohn von König Johann VI. und dessen Ehefrau Charlotte zur Welt gekommen. Als napoleonische Truppen 1807 auf der iberischen Halbinsel einmarschierten, war der König mit seiner Familie in die Kolonie Brasilien geflüchtet und hatte Portugal in den folgenden Jahren von Übersee aus regiert. 1820 bricht im Heimatland der Braganzas jedoch eine Revolution aus, worauf Pedros Vater beschließt, nach Europa zurückzukehren, um den Thron nicht zu verlieren. Die Regentschaft in Brasilien überlässt er seinem Sohn, der überhaupt nicht auf diese Aufgabe vorbereitet ist. Zum Glück für das Land ist Pedro seit 1817 mit Leopoldine, einer Tochter Kaiser Franz' I. von Österreich, verheiratet, einer hochgebildeten jungen Frau, die nun tatkräftig ans Werk geht, sich um ihre neuen Untertanen zu kümmern. Immer wieder überlässt Pedro ihr auch offiziell die Regentschaft, wenn er sich in seine Provinzen begibt – froh über jeden Tag, den er im Sattel statt hinter dem Schreibtisch verbringen kann. Als das Volk 1822 eine Los-

lösung von Portugal fordert, schlägt sich das Regentenpaar auf die Seite der Brasilianer. Pedro erklärt die Unabhängigkeit vom Mutterland und übernimmt als Kaiser Don Pedro I. die Herrschaft. Als 1826 sein Vater stirbt, erbt Pedro auch den portugiesischen Thron. Um seine noch wacklige Macht in Brasilien nicht zu gefährden, übergibt er die Herrschaft in Portugal an seine damals erst siebenjährige Tochter – eben jene Maria, die nach zwei Jahren von ihrem Onkel und Ehemann ins Exil gezwungen wird.

Das Schiff mit der abgesetzten jungen Königin und der neuen Kaiserin an Bord kommt am 16. Oktober 1829 im Hafen von Rio de Janeiro an. Einen Tag später findet in der Schlosskapelle eine zweite Vermählung statt, diesmal mit dem echten Bräutigam – und vier Stiefkindern. Für die Kleinen ist die neue Frau an der Seite des Vaters ein Segen: Mit ihrer offenen Art gewinnt Amélie die Herzen im Sturm und die drei Mädchen zwischen fünf und zehn Jahren und ihr vierjähriger Bruder erfahren nun endlich so etwas wie ein geregeltes Familienleben. Besonders der Thronfolger, Pedro, hängt schnell an der

*Hochzeit von Amélie und Pedro I., Aquarell von Jean Baptiste Debret*

*Der königliche Palast (links im Bild) in Rio de Janeiro war nur gut ein Jahr das Zuhause von Kaiserin Amélie. Lithografie von Jean Baptiste Debret.*

freundlichen Dame aus Bayern. Der Kleine war beim Tod seiner leiblichen Mutter gerade mal ein Jahr alt gewesen – für ihn wird die Stiefmutter bald zur heißgeliebten »Mamae«. Ein halbes Jahr nach der Ankunft Amélies begibt sich die Familie in den Norden Brasiliens, um dort auf einem Landgut in kühleren Gefilden der Sommerhitze zu entfliehen. Die jungen Ehegatten kommen gut miteinander aus und so scheint alles ganz nach Vorstellung des Kaisers zu laufen. Doch die familiäre Harmonie wird bald durch die unerfreuliche Tatsache gestört, dass sich Pedros Ansehen in der Öffentlichkeit ungebremst im Sinkflug befindet. Der Kaiser ist keine autoritäre Figur, sondern ein Spielball seiner Minister, und das Land ist eine Ansammlung verschiedener Provinzen ohne wirklichen Zusammenhalt. Zudem ist die Staatskasse mehr als leer, was das Herrschen auch nicht gerade erleichtert. Kurz nach Amélies Ankunft hatte Pedro zwar ein neues Kabinett berufen, in der Hoffnung, dass sich seine Gegner dann wieder beruhigen würden, doch dann entlässt er Knall auf Fall ihm unangenehme Minister – was ihm gewaltigen Ärger mit dem Parlament einbringt. Die Lage spitzt sich zu, als die öffentliche Sicherheit gefährdet ist und Straßenbanden in Rio ungehindert ihr Unwesen treiben. Als sich dann auch noch die kaiserliche Leibwache bei Nacht und Nebel auf und davon stiehlt und Pedro und seine Familie vollkommen ungeschützt im Palast zurücklässt, handelt der Dreiunddreißigjährige, der für sein impulsives Verhalten bekannt ist, erstaunlich vernünftig. Er sei, so verkündet Pedro ruhig und gefasst, bereit, die Herrschaft abzugeben, so lange seiner Familie der Thron erhalten bleibe. Innerhalb eines Tages dankt er daraufhin ab und flüchtet sich mit Amélie und der ältesten Tochter Maria da Gloria auf ein Kriegsschiff, das sie nach Europa bringen soll. Am 7. April 1831, nicht einmal eineinhalb Jahre nach ihrer Ankunft, sollte die Kaiserin von Brasilien ihre neue Heimat schon wieder verlassen – für immer. Für Amélie ist die überstürzte Flucht doppelt stressig, denn sie ist im vierten Monat schwanger – und muss zudem, auf Anweisung Pedros, die kleinen Stiefkinder in Rio zurücklassen, die nichts von der Flucht der Eltern wissen. Ein Brief des kleinen Pedro an »Papa und Mamae« berichtet von den bitterlichen Tränen, die der Kleine vergoss, als er in der Früh aufwachte und erfuhr, dass die Eltern heimlich aus seinem Leben verschwunden waren. Seinen Vater sollte Pedro II. nie mehr wieder sehen: Don Pedro I. stirbt 1834 in Portugal, nachdem es ihm noch gelungen war, seinen Bruder zu stürzen und Tochter Maria wieder als Königin einzusetzen. Seine Stiefmutter Amélie trifft Pedro II. erst vierzig Jahre nach deren Flucht wieder, 1871 in Portugal. Amélie von Leuchtenberg ist zu dem Zeitpunkt schon schwer krank und sollte nur mehr zwei Jahre zu leben haben. Obwohl sie beim Tod ihres Mannes erst zweiundzwanzig Jahre alt war, ging die Herzogin von Braganza, wie sie sich nun nennt, keine weitere Ehe ein. Ihr Augenmerk galt ihrem einzigen leiblichen Kind, Maria Amalia. Das Mädchen war 1831 in Paris zur Welt gekommen, wo die Flüchtenden vom französischen Herrscherpaar aufgenommen worden waren. Doch die Tochter sollte der Mutter kein Trost im Alter werden: Mit nur einundzwanzig Jahren stirbt Maria Amalia an Schwindsucht, kurz nach der Verlobung mit dem österreichischen Erzherzog Maximilian – der später als Kaiser von Mexiko ebenfalls bittere Erfahrungen in der neuen Welt machen sollte. Die untröstliche Mutter verbrachte nach dem Tod der

*Amélie von Leuchtenberg mit ihrer früh verstorbenen Tochter Augusta Amalie, kolorierte Litografie von Fidelino José da Silva, um 1840*

Tochter ihre Zeit mit Reisen in die bayerische Heimat sowie zu ihrer Schwester, der schwedischen Königin. In ihren letzten Lebensjahren hielt sich Amélie jedoch nur noch in Portugal auf, wo sie am 26. Januar 1873 in Lissabon starb. Ihre Spuren hat die Kaiserin von Brasilien auch im Chiemgau hinterlassen. 1852 erwarb sie das ehemalige Kloster Seeon und ließ dort ein Solebad errichten sowie das Gut Stein, wo sie immer wieder für einige Zeit Quartier nahm. Nach dem Tod Amélies ging der Besitz in Seeon und Stein an ihre Schwester Josephine von Schweden und anschließend an die Nachkommen von Max von Leuchtenberg über, einem Bruder der beiden, der mit einer russischen Großfürstin verheiratet war. Der Leichnam Amélies fand zunächst in einem Kloster in Lissabon die letzte Ruhe. 1982 wurden die Gebeine nach Brasilien überführt und mit den sterblichen Überresten Pedros I. und dessen erster Frau Leopoldine in Sao Paolo beerdigt.

## Ein Teenager als Retter Griechenlands
*König Otto I. von Griechenland (1815–1867)*

Das kulturell und politisch einst so blühende Griechenland liegt völlig darnieder, die Staatskassen sind leer und die Mehrheit der Bevölkerung lebt in bitterster Armut. Und es ist kein Ende der Not in Sicht, denn es findet sich keine Regierung, die in der Lage wäre, dem Reich wirkungsvoll beizustehen. Was sich wie eine aktuelle Nachricht anhört, beschreibt in Wirklichkeit den Zustand Griechenlands um 1830. Die Situation von damals ähnelt zwar verblüffend der heutigen, doch es gibt einen großen Unterschied: Während gegenwärtig Politiker aus ganz Europa daran arbeiten, Griechenland wieder auf die Beine zu helfen, wurde anno dazumal ein gerade einmal siebzehn Jahre alter Teenager aus Bayern als Retter in der Not auf den Peloponnes geschickt.
Zugegeben, das Reich des künftigen Königs Otto umfasste flächenmäßig nur ein Drittel des heutigen Staates und die Bevölkerung war mit einer Million Menschen durchaus überschaubar. Doch das Land hatte nicht nur jahrelang Krieg gegen das osmanische Reich geführt, um sich endlich aus der Fremdherrschaft der Türken zu befreien, die Nation befand sich auch am Rande eines Bürgerkrieges. Die gesellschaftliche Spaltung zwischen den reichen Großgrundbesitzern, die ihre Privilegien notfalls mit Waffengewalt verteidigten, und dem darbenden Rest der Bevölkerung hätte Griechenland beinahe die Unabhängigkeit von der Türkei gekostet: Erst als eine britisch-russisch-französische Flotte die Osmanen 1827 schlug, mussten die Türken einlenken und zumindest einem Teil der griechischen Bevölkerung die Bildung eines eigenen Staates gewähren. Dessen neugewählter Präsident fiel jedoch bereits nach einem Jahr einem Mordanschlag zum Opfer und das Land befand sich erneut in einem politischen Vakuum. Großbritannien, Frankreich und Russland als Unterzeichner der Unabhängigkeitserklärung Griechenlands beschlossen

daraufhin, einen monarchischen Herrscher von außerhalb zu installieren.

Nachdem Leopold von Sachsen-Coburg wie auch Prinz Karl, der jüngere Bruder König Ludwigs I. von Bayern, abgelehnt hatten, fiel das Augenmerk auf Ludwigs Sohn Otto. Prinz Otto Friedrich Ludwig war 1815 in Schloss Mirabell in Salzburg zur Welt gekommen und ein Jahr später mit der Familie nach Würzburg übersiedelt. 1825, nach dem Tod des ersten bayerischen Königs Max I. Joseph, übernimmt Vater Ludwig den Thron und Otto verbringt seine Jugendjahre in der Münchner Residenz. Der Bub erhält eine umfassende klassische Ausbildung und begeistert sich wie sein Vater für die Antike. Als zweitgeborenem Sohn, der nur Aussicht auf den Thron hatte, wenn sein älterer Bruder Max frühzeitig sterben sollte, kam Otto das Angebot auf die griechische Herrschaft nicht ungelegen, wenn er auch anfangs – verständlicherweise – zögerte, ob er dieser Aufgabe mit so jungen Jahren gewachsen wäre. Doch sein Vater nahm für ihn die Krone an, worauf am 7. Mai 1832 ein Vertrag in Kraft trat, der den jungen Bayern zum griechischen König macht. Sechs Monate später bricht Otto mit seinem Hofstaat von München auf und setzt im Februar 1833 in Nauplia das erste Mal einen Fuß auf sein neues Land. Da Otto noch unmündig ist, wird ein Staatsrat eingesetzt, der aus dem früheren bayerischen Minister Joseph Graf von Armansperg, dem späteren bayerischen Minister Karl von Abel, Georg von Maurer und General Carl Wilhelm von Heideck besteht. Ihre vordringlichste Aufgabe war, dafür zu sorgen, dass ihr Schützling sich schnellstmöglich eine Ehefrau suchte, da die Monarchie auf Erbfolge ausgelegt war.

Ottos Wahl fällt auf Prinzessin Amalie von Oldenburg, die er im Frühjahr 1836 in Franzensbad in Böhmen das erste Mal persönlich trifft. Der König ist sofort hingerissen von der temperamentvollen Prinzessin und so ist die Angelegenheit schnell unter Dach und Fach. Im November 1836 wird in Oldenburg eine sechzehntägige Hochzeit gefeiert, danach reist die junge Frau mit ihrem Gemahl in die neue Heimat. Amalie hat eine

umfassende Ausbildung erhalten – sie soll ihrem Mann geistig weit überlegen gewesen sein – und sie schwärmt ebenfalls für die griechische Antike. In Erfüllung ihrer Rolle engagiert sich Amalie in Athen für soziale Projekte und zeigt sich dem Volk auch gefällig in der griechischen Nationaltracht. Doch der wichtigsten Aufgabe einer Königin konnte Amalie nicht nachkommen: Nach einer Fehlgeburt 1837 stellte sich keine weitere Schwangerschaft mehr ein.
Vorerst allerdings ist das Königspaar damit beschäftigt, seiner Hofhaltung in Athen durch entsprechende Baumaßnahmen einen standesgemäßen Rahmen zu geben. Etliche Zeugnisse des damaligen Baubooms finden sich noch heute in der Hauptstadt: Das griechische Parlament zum Beispiel hat seinen Sitz im ehemaligen Königspalast. Den Bauauftrag erhielt

*Der junge König bei seiner Ankunft in Athen 1832, Gemälde von Peter von Hess (Ausschnitt)*

Friedrich von Gärtner, sein Kollege Leo von Klenze wurde damit betraut, einen modernen Stadtteil im Norden Athens zu errichten. Gleich neben dem heutigen Parlament liegt mit dem Nationalgarten jene grüne Oase, die auf Initiative von Königin Amalie angelegt wurde – einige der Palmen dort stammen sogar noch aus der damaligen Zeit. Seit 1923 ist der ehemalige Schlossgarten öffentlich zugänglich, nach dem Ende der Monarchie 1974 wurde er in »Nationalgarten« umbenannt. Früher war auch noch ein Tiergehege im Park untergebracht. All diese Aktivitäten konnten jedoch nicht darüber hinwegtäuschen, dass Ottos Position keineswegs so gefestigt war, dass er ohne Sorgen in die Zukunft schauen konnte. Zum einen hing die Frage der Nachfolge wie ein Damoklesschwert über dem kinderlosen Königspaar, und dann wollte es dem aus der Fremde stammenden Herrscher einfach nicht gelingen, seine Untertanen so an sich zu binden, dass sie ihn als »ihren« König ansahen – was zum Teil auch am fehlenden Fingerspitzengefühl Ottos und seiner Berater lag. So weigerte sich der König zum Beispiel vehement, zum orthodoxen Glauben überzutreten und übersah dabei vollkommen, welch große Chance auf Anerkennung beim Volk er damit verspielte. Die nach

*Der Königspalast in Athen beherbergt heute das griechische Parlament.*

*König Otto in griechischer Tracht*

und nach entstehende Infrastruktur kam den Einheimischen natürlich zugute, doch bei der Besetzung wichtiger Posten in Verwaltung und Militär wurden griechische Kandidaten oft zugunsten bayerischer Bewerber übergangen. Als es zu ersten Unmutsäußerungen kommt, erhält der junge König aus München zudem die wenig hilfreiche väterliche Anweisung, »mit eiserner Hand« zu regieren – ein Rezept, das Ludwig in wenigen Jahren selbst den Thron kosten sollte.
Zehn Jahre nach Ottos Thronbesteigung kommt es zu einer ersten heftigen Revolte, in deren Verlauf der König gezwungen wird, eine Verfassung zu akzeptieren. Die inneren Konflikte waren damit zwar etwas entschärft, aber keineswegs bereinigt. Gleichzeitig geriet Otto außenpolitisch in ein unheilvolles Dilemma. Zwischen Russland und dem osmanischen Reich waren Anfang der 1850er Jahre Kämpfe ausgebrochen, die als Krimkrieg in die Geschichte eingingen. Großbritannien, darauf bedacht, den politischen Status quo in der Schwarz-

*Das Königspaar im Jahr von Ottos Tod 1867*

meerregion zu bewahren, schlug sich in dieser Auseinandersetzung auf die Seite der Türken. Otto, der inzwischen von einem großgriechischen Reich träumte, hoffte durch seine Unterstützung Russlands weitere griechische Gebiete von den Türken zu erlangen. Mit dieser Haltung stellte er sich aber automatisch gegen Großbritannien – jener Macht, die ihm zum Thron verholfen hatte. Kein Wunder, dass die Briten darüber mehr als verärgert waren und nicht lange fackelten, um den undankbaren Otto in die Schranken zu weisen. Mit französischer Unterstützung besetzte die britische Marine im Mai 1854 den Hafen von Piräus, um Griechenland davon abzuhalten, sich weiter in den Krimkrieg einzumischen – ein Zustand, der sich über drei Jahre hinziehen sollte.

So sehr sich Otto auch bemühte, den Griechen ein guter König zu sein, am Ende musste er erkennen, dass er gegen die immer wieder aufflammenden Aufstände machtlos war, zumal alle bayerischen Militärs wie vereinbart schon in den 1840er Jahren abgezogen worden waren. Als der König sich 1862 auf einer Rundreise befand, kam es zu einem Aufstand des griechischen Militärs. Otto versuchte vergebens, in seine Hauptstadt zurückzukehren. Es wurde ihm geraten, sich umgehend auf einem britischen Schiff in Sicherheit zu bringen. Nach dreißig Jahren auf dem griechischen Thron blieb Otto und seiner Frau nichts anderes übrig, als in die bayerische Heimat zurückzukehren. Die beiden sollten bis zu ihrem Tod in der ehemaligen fürstbischöflichen Residenz in Bamberg leben. König Otto starb fünf Jahre nach der Flucht aus Griechenland am 26. Juli 1867 an Masern, seine Frau Amalie überlebte ihren Gatten um acht Jahre.

## *Pionier im australischen Weinbau*
### Johann Gramp (1819–1903)

Dem gängigen Klischee nach hätte Johann Grampp in die USA auswandern und eine Brauerei für traditionelles bayerisches Bier eröffnen müssen. Doch der junge Oberfranke, der als Jugendlicher sein Heimatdorf Aichig, heute Stadtteil von Kulmbach, verließ, um in die weite Welt zu ziehen, sollte sich für die entgegengesetzte Richtung entscheiden, um sich auf jenem Kontinent niederzulassen, der nicht zu Unrecht den Spitznamen »Down-Under«, übersetzt »Unten-Drunter«, besitzt. Für Reisende des 19. Jahrhunderts präsentierte sich Australien tatsächlich als Niemandsland irgendwo da unten, denn erst wenige Jahrzehnte zuvor waren die ersten europäischen Schiffe mit Siedlern an der Küste der »Terra Australis« – Land im Süden – wie der weitgehend unbekannte Erdteil damals hieß, gelandet. Das Britische Empire hatte gegen Ende des 18. Jahrhunderts dringend nach einem Land gesucht, in das es lästige Strafgefangene abschieben konnte, nachdem sich die Vereinigten Staaten für unabhängig erklärt hatten und damit als Alternative für überfüllte englische Gefängnisse weggefallen war. James Cook hatte Australien 1770 zur britischen Kolonie erklärt und 1788 war die erste Flotte mit Gefangenen von Großbritannien aus in See gestochen. Doch die wirtschaftlichen Verhältnisse in Europa zwangen auch Nichtverurteilte, sich nach neuen Lebensräumen in der Ferne umzusehen. Dass es einen jungen Bayern zusammen mit rund siebzig Mitpassagieren ausgerechnet nach Australien verschlug, hängt mit einer Initiative der »South Australian Company« zusammen, einer 1835 gegründeten Kapitalgesellschaft, die sich zum Ziel gesetzt hatte, die Besiedlung des australischen Südens zu fördern, der ersten Region auf dem noch spärlich besiedelten Kontinent, in dem von Anfang an nur Siedler und keine Strafgefangenen lebten. 1836 landeten die ersten vier Klipper mit Auswanderern von den britischen Inseln an der Südseite des Kontinents; die erste Siedlung in dieser Region entstand auf Kangaroo Island, gut hundert Kilometer westlich von der späteren Hauptstadt Südaustraliens, Adelaide. Da der erste Schub an Einwanderern ausschließlich aus dem angelsächsischen Sprachraum kam und die Verantwortlichen der »South Australian Company« der Meinung waren, dass eine buntere kulturelle Mischung nicht schaden könnte, wandten sie sich an deutsche Behörden, um dort für ihr Projekt zu werben.

Johann Grampp brach 1837 mit einem Schiff von Hamburg aus in seine neue Heimat auf und gehört damit zur ersten Generation jener Südaustralier, die sich, mitten in der Wildnis und praktisch aus dem Nichts, eine beachtliche Existenz aufbauten. Grampp war am 8. August 1819 als Sohn eines Bauern zur Welt gekommen. Wann genau er seinen Heimatort verlassen hat, ist nicht bekannt, einer australischen Biografie zufolge hat sich Grampp vor der Überfahrt eine Zeitlang in Hamburg aufgehalten – möglicherweise, weil er sich erst das Geld für die Schiffspassage verdienen musste. Laut Passagierliste der »Solway«, einem Handelsschiff, mit dem Grampp nach Australien fuhr, hatte der zum Zeitpunkt der Abfahrt siebzehnjährige Oberfranke sich in Hamburg seine Brötchen als Bäcker verdient. Dabei machte er offenbar die Bekanntschaft eines Arbeitskollegen namens Wilhelm Milde, der plante, nach Australien zu gehen und Grampp überredete, sich ihm und seiner Familie anzuschließen. Milde, der zwanzig Jahre älter war als Grampp, hatte im Gegensatz zu seinem jungen Freund »Seefahrerblut« in den Adern: Sein Urgroßvater Hans Milde war Hafenmeister in der Hansestadt gewesen und hatte außerdem für ordentlich Stoff für die Familiengeschichte gesorgt, als er 1724 von algerischen Piraten gefangen genommen und zwei Jahre lang als Geisel gehalten wurde, ehe er gegen Zahlung eines Lösegelds wieder freikam. Wilhelm Milde, der noch vor der Überfahrt in Hamburg geheiratet hatte, sollte, wie auch Grampp, ein langes Leben in der neuen Heimat beschieden sein: Er starb 1884 im Alter von fünfundachtzig Jahren in Adelaide.

Was genau Johann Grampp veranlasst hat, Bayern den Rücken zu kehren, ist in keiner seiner Biografien vermerkt. Ein 1849 erschienener Ratgeber mit dem Titel »Der Auswanderer nach Südaustralien« beschreibt aber recht treffend, welche Umstände Menschen im 19. Jahrhundert dazu bewogen, einen so weitreichenden Schritt zu wagen: »Der dem Mensch angeborene Trieb zum Vorwärtsschreiten, zur Besserung seiner Lage, die Not, abhängige Stellung, der Druck von allen Seiten, oft bei dem besten Willen der am höchsten Stehenden, ist die Ursache, dass Tausende ihr Vaterland verlassen, eine neue Heimat zu suchen.« Johann sollte auch nicht der einzige Grampp aus Aichig bleiben, der sein Glück außerhalb Europas suchte, denn mehrere Namensvettern, von denen anzunehmen ist, dass sie mit Johann verwandt waren, brachen um 1850 in die USA auf. Zu dem Zeitpunkt hatte sich der junge Pionier in Australien schon die Grundlagen für seinen wirtschaftlichen Erfolg erarbeitet.

Als die »Solway«, ein 1829 in England gebautes Handelsschiff, nach vierzehn langen Wochen auf See im Oktober 1837 an der Südküste Australiens vor Anker gegangen war, dürften Grampp und die Mitauswanderer samt Besatzung mehr als erleichtert gewesen sein, die Reise endlich überstanden zu haben, denn die Überfahrt war teilweise so stürmisch, dass mit dem Schlimmsten gerechnet wurde. Die »Solway« zeichnete sich zudem nicht gerade durch Sauberkeit aus, denn in Hamburg hatten sich neben den Passagieren auch Kolonien von Küchenschaben mit auf die Reise gemacht und die sowieso schon kargen Mahlzeiten noch zusätzlich dezimiert. Dabei hatten die Emigranten aber noch Glück, dass sie unbeschadet in Australien gelandet waren, denn kurz nach der Ankunft in Port Adelaide barst die »Solway« im Hafen liegend bei einem Sturm und nahm alles mit in die Tiefe, was sich an Ladung noch an Bord befand.

Johann Grampp, der seinen Namen in Australien bald nur noch mit einem »p« schrieb, machte sich von Adelaide auf nach Kangaroo Island, wo er ein Jahr blieb. Doch der Plan der »South Australian Company«, langfristig Siedler auf der Insel zu halten, schlug fehl, nach und nach zogen die Neuaustralier aufs Festland, wo sich die Lebensbedingungen als besser herausgestellt hatten. Zwei Jahre lang arbeitete Johann Gramp dann in Adelaide in einer Werft, um sich anschließend in einer Bäckerei zu verdingen. Doch eigentlich zog es den Bauernsohn aufs Land: In Yatala, nicht weit von Adelaide, baute Gramp eine Blockhütte und begann, das Land um sich herum urbar zu machen. 1847 sollte er dann den Schritt wagen, der nicht nur sein, sondern auch das Leben der nachfolgenden Generationen australischer Gramps entscheidend beeinflusste: Der mittlerweile Achtundzwanzigjährige, der nun seit zehn Jahren in Down-Under lebte, zog ins Barossa Valley, achtzig Kilometer nördlich von Adelaide, kaufte dort ein Grundstück und begann, Wein zu kultivieren. Barossa Valley war vom deutschen Geologen Johann Menge als idealer Ort zur Erzeugung landwirtschaftlicher Produkte entdeckt worden, was sich in der Kolonie seiner Landsleute schnell herumsprach.

Drei Jahre nachdem Johann Gramp seine ersten Weinstöcke gepflanzt hatte, konnte er schon mit seinem eigenen Rebensaft anstoßen: Der erste Jahrgang ergab etwa hundert Liter »Hock«, wie lieblicher Weißwein auf Englisch genannt wird in Anlehnung an den im 19. Jahrhundert von Queen Victoria so geschätzten Wein aus Hochheim am Main. Doch nicht nur sein gelungener Einstieg als Winzer bot dem gebürtigen Oberfranken damals Anlass zum Feiern: Im Juni 1850 kam sein Sohn und späterer Nachfolger im Weinbaubetrieb Gustav in Adelaide zur Welt. Dessen Mutter war Johanna Eleonore Nitschke, geboren 1825 in Lochow in der Mark Brandenburg. 1838, im Alter von dreizehn Jahren, war Eleonore, wie sie gerufen wurde, mit ihren Eltern nach Australien emigriert. Wann genau sie die Bekanntschaft Johanns machte, ist nicht bekannt, es muss aber spätestens um 1842 gewesen sein, denn 1843 wurde die erste gemeinsame Tochter Louise Mathilde geboren, zwei Jahre später gefolgt von Anna Dorothea, die übrigens das stolze Alter von siebenundneunzig Jahren errei-

*Johann Gramp, Oberhaupt der Gramp-Dynastie*

chen sollte. Um 1847 kam ein Stammhalter, Johann Friedrich, zur Welt, der aber im Alter von sechs Jahren starb. 1848 wurde aus dem Bayern Johann Gramp dann offiziell ein australischer Staatsbürger. Warum Eleonore und Johann erst 1851, als sie schon fünf Kinder hatten, in Rowlands Flat heirateten, wird in keiner der Familiengeschichten erwähnt. Nach der Hochzeit sollten dann aber noch vier weitere kleine Gramps die Familie vergrößern: Johann Hermann (geboren 1852), Maria Caroline (geboren 1854), Johann Erhard (geboren 1856) und schließlich das Nesthäkchen Emma Helena (geboren 1860).

Johann hatte inzwischen nicht nur sein Weingut etabliert, er engagierte sich auch in der örtlichen Lutherischen Gemeinde, war Mitglied des Bezirksrats von Barossa und förderte den Bau der ersten Schule in Rowlands Flat, dem Ort, zu dem

Gramps Gut gehörte. Als sein Sohn Gustav 1874 die ebenfalls deutschstämmige Louisa Koch heiratete, überschrieb ihm der Vater als Hochzeitsgeschenk achtzehn Hektar Land, auf denen der Junior seine ersten eigenen Rebstöcke pflanzte. Der Anbaufläche wie auch dem daraus gewonnenen Wein gab Gustav den Namen »Orlando«.

Da Johann inzwischen gesundheitlich angeschlagen war, übernahm Gustav 1877 die Geschäftsführung der Firma, deren Sitz er dazu auf sein Anwesen transferierte. Wie schon sein Vater zuvor baute auch Gustav die Firma kontinuierlich aus, die 1912 in die »Gramp & Sons GmbH« umgewandelt wurde.

Johann Gramp widmete sich während seiner Zeit als Pensionär vor allem der Kultivierung von Zitrusfrüchten und freute sich an seiner ständig wachsenden Schar an Nachkommen. Am 9. August 1903, einen Tag nach seinem vierundachtzigsten Geburtstag und dreiundsechzig Jahre nach der Ankunft in Australien starb Johann Gramp auf seinem Weingut im Beisein seiner Familie. Er wurde überlebt von seiner Frau Eleonore, die 1919 dreiundneunzigjährig starb, sowie sechs Kindern, achtundvierzig Enkeln und neunzehn Urenkeln.

Johanns Witwe sollte noch erleben, wie die Firma in die Hände der dritten Generation überging: 1915 übernahm Gustavs Sohn Hugo (geboren 1895) die Zügel und schaffte den Sprung vom Familienbetrieb zur Großkelterei mit einer jährlichen Produktion von knapp sechzehn Millionen Litern. Hugo Gramp kam 1938 bei einem Flugzeugabsturz ums Leben, worauf die Firmenleitung an seinen Bruder Fred überging.

Johann Gramps Urenkel Colin, der die Firma von 1943 bis 1970 leitete, sollte als erster der Nachfahren ins Geburtsland seines Uropas zurückkehren. 1954 klapperte Colin Gramp auf einer sechsmonatigen Tour alle Weinbaugebiete in Deutschland ab, um sich über die neuesten technischen Errungenschaften zu informieren. Gramp ist mittlerweile dreiundneunzig Jahre alt, eigentlich längst in Rente, doch er werkelt immer noch in der Firma mit, die seit 1989 zu einem französischen Konzern gehört und unter der Marke »Jacobs Creek« seit einigen Jahr-

*Grabstein von Johann Gramp auf dem Friedhof in Rowlands Flat*

zehnten auch ins Ausland exportiert. Aus der Firmenleitung ist der Name Gramp zwar seit Colins Rückzug offiziell verschwunden, doch die jetzigen Chefs schmücken sich gerne mit der Geschichte des unternehmungslustigen Oberfranken, der 1837 den weiten Weg nach Australien gewagt hatte, um dort familiär wie auch beruflich so erfolgreich Wurzeln zu schlagen.

## Vom Hausierer zum Spitzenbankier
*Marcus Goldman (1821–1904)*

Alle Angelegenheiten unter einen Hut zu bringen, das ist für aufstrebende Unternehmer ein unerlässliches »To-do« auf dem Weg zum wirtschaftlichen Erfolg. Nicht alle befolgen diese kluge Regel allerdings so wörtlich wie Marcus Goldman, als er in New York ins Bankgeschäft einstieg. Der vormalige Hausierer aus Trappstadt pflegte nämlich alle Wertpapiere ins Schweißband seines Zylinders einzuheften. So konnte er nicht nur sein Firmenkapital sicher verwahren; er hatte damit auch immer alle Unterlagen griffbereit. Allerdings reichte der Stauraum in der Kopfbedeckung bald nicht mehr aus, denn der Umsatz, den der gebürtige Unterfranke mit seinen Finanzgeschäften erzielte, stieg in nur wenigen Jahren in schwindelerregende Höhen. Heute zählt das 1869 als Einmannbank gegründete Unternehmen mit über dreißigtausend Mitarbeitern zu den größten Investmentinstituten der Welt. Die Lebensgeschichte von Marcus Goldman ist eines der Paradebeispiele, welche Fähigkeiten und Fertigkeiten Menschen an den Tagen legen können, wenn niemand sie an ihrer persönlichen Entwicklung hindert.
Genau das war aber der Fall für die jüdische Bevölkerung im Bayern des 19. Jahrhunderts. Das Judenedikt von 1813 hatte den etwa dreißigtausend bayerischen Untertanen mosaischen Glaubens zwar Religionsfreiheit verschafft und erstmals auch einen gewissen Rechtsstatus, der es ihnen zum Beispiel ermöglichte, das Bürgerrecht und Grund zu erwerben. Gleichzeitig verhinderte eine »Matrikelpflicht« aber, dass Juden sich niederlassen und eine eigene Familie gründen konnten. Eine Heiratserlaubnis erhielt nur, wer rechtskräftig im Register einer Gemeinde eingetragen war. Um in die Matrikel aufgenommen zu werden, musste jedoch erst ein Platz frei werden, indem ein jüdischer Bürger im Ort starb oder wegzog. Erfreuten sich die angestammten Familienväter bester Gesundheit, brauchten

Aspiranten mitunter einen langen Atem, bis sie endlich zum Zug kamen. Der Umstand, dass im 19. Jahrhundert auch die Kindersterblichkeit erheblich zurückging und als Folge immer mehr Menschen das Erwachsenenalter erreichten, erschwerte die Situation noch zusätzlich, denn damit wuchs auch die Anzahl der Anwärter auf einen Matrikelplatz. Wer sich diesem Schicksal nicht ergeben wollte, dem blieb nur eine Alternative: das Bündel zu schnüren und irgendwo in der Fremde sein Glück zu versuchen. Meistgefragtes Ziel waren für auswanderungswillige Bayern damals die Vereinigten Staaten von Amerika. Auch die Familie Goldmann in Trappstadt stand Mitte des 19. Jahrhunderts vor der Frage, wie sich die erwachsenen Söhne langfristig ihren Lebensunterhalt verdienen sollten. Vater Wolf Goldmann, 1794 in Zeil am Main im Landgericht Haßfurt-Eltmann geboren, hatte Glück gehabt. Als er 1820 die in Trappstadt ansässige Witwe Ella Oberbronner heiratete, konnte er die durch den Tod ihres Mannes freigewordene Matrikelstelle übernehmen. Wolf Goldmann ist, wie so viele andere Männer seines Glaubens, »Handelsjud« – da jüdische Familien aus Handwerkszünften ausgeschlossen waren, mussten sie auf Tätigkeiten wie Vieh- und Warenhandel ausweichen. Ein Jahr nach der Hochzeit kam der älteste Sohn des Paares, Mark, auf die Welt. Der wuchs zu einem aufgeweckten Bürschchen heran, das vor allem beim Rechnen aus den Reihen seiner Klassenkameraden herausstach. Als er dann auch noch Englisch lernen wollte, empfahl ihm der Lehrer, bei einem Rabbi in Würzburg zusätzlichen Unterricht zu nehmen. Dort schloss Mark Freundschaft mit dem drei Jahre älteren Joseph Sachs, Sohn eines Sattelmachers. Zu diesem Zeitpunkt wird aber keiner der beiden auch nur ansatzweise geahnt haben, was diese Verbindung dereinst noch mit sich bringen sollte.

Nach der Schulzeit stieg Mark ins väterliche Geschäft ein und handelte, wie auch schon der Großvater es getan hatte, mit Vieh und Waren. Doch die Brötchen waren immer schwieriger zu verdienen, während im Gegenzug das Leben kostspieliger wurde. Wolf Goldmann haderte zudem damit, dass

*Mit einem Karren zog Marcus Goldman in den ersten Jahren in den USA durch Philadelphia und verkaufte Haushaltwaren.*

seine Söhne eines Tages zum Militärdienst abkommandiert werden könnten. Schweren Herzens riet er seinem Ältesten, es sei vielleicht besser, wenn er in die USA auswanderte und sich dort eine neue Existenz aufzubauen versuchte. Als der Siebenundzwanzigjährige sich bereit erklärte, dem Wunsch des Vaters zu folgen, beschloss der vier Jahre jüngere Simon, seinen Bruder zu begleiten. 1848 verließen die beiden Geschwister, mit hundertfünfzig Gulden Erspartem und einem von der Mutter gebackenen Apfelkuchen im Gepäck, das heimatliche Trappstadt. Mit dem Zug ging es zuerst nach Bremerhaven und von dort mit dem Dampfer »Miles« nach London. Auf dem Paketschiff »Margaret Evans« überquerten die Goldmanns den Atlantik und landeten am 4. September 1848 in Philadelphia. Simon machte sich sofort auf in Richtung Kalifornien, wo gerade der Goldrausch seinen Höhepunkt erreichte, und so stand Mark nun ganz alleine da in einer fremden Stadt, in der es nur so von Menschen unterschiedlichster Herkunft wimmelte, die alle das gleiche Ziel hatten wie der junge Unterfranke: möglichst schnell gutes Geld zu verdienen. Das hatte sich auch ein weiterer Einwanderer aus Bayern auf die Fahnen geschrieben: Joseph Sachs, der seine Heimat im gleichen Jahr wie Goldmann verlassen und ebenfalls in Philadelphia gelandet war. Joseph Sachs war eben im Begriff, von Philadelphia nach Baltimore umzuziehen, als ihm zufällig sein alter Schulfreund Mark über den Weg lief – der dankbar das Quartier von Sachs übernahm und versprach, dass sie von nun an in Kontakt bleiben würden.

Mark, der seinen Namen schnell in die amerikanisierte Form »Marcus Goldman« umwandelte, beschloss, seine neue berufliche Laufbahn mit dem zu beginnen, worin er die meiste Erfahrung hatte: als Hausierer. Der Sohn seiner ebenfalls aus Deutschland immigrierten Hauswirtin betrieb im Erdgeschoss ihrer Pension einen Gemischtwarenhandel und schlug dem Neuankömmling vor, mit ins Geschäft einzusteigen, um so den Kundenstamm zu erweitern. Goldman willigte ein und zog für die nächsten drei Jahre mit einem Pferdekarren durch die Straßen der Stadt, um Haushaltwaren und Tabak zu verkaufen. Als er kurz nach seiner Ankunft die achtzehnjährige Bertha kennenlernt, die mit Nachnamen zufällig auch Goldmann heißt, fackelt Marcus nicht lange und heiratet die junge Frau, die aus Darmstadt stammt, praktisch vom Fleck weg. Das frischgebackene Ehepaar bezieht eine Zweizimmerwohnung und beschließt, nun auch geschäftlich etwas Neues zu wagen. Während seiner Touren mit dem Karren war Marcus aufgefallen, dass es den Menschen an robuster und gleichzeitig günstiger Kleidung mangelte. Als Bertha dann eines Tages nach Hause kam und ihrem Mann aufgeregt von einer neuartigen Erfindung namens Nähmaschine berichtete, stand für die beiden schnell fest, dass sie in die Textilproduktion einsteigen wollten.

Mit einem Kredit von fünf Dollar kaufte Marcus seiner Frau eine mechanische Nähmaschine und mietete einen Laden an. In den folgenden Jahren sollte sich nicht nur der wirtschaftliche Erfolg der Goldmans, die 1853 die amerikanische Staatsbürgerschaft erhielten, stetig mehren; auch die Familie vergrößerte sich zusehends: Bertha brachte die Mädchen Rebecca,

Rosa und Louisa sowie deren Zwillingschwester (die jedoch nicht überlebte) zur Welt, dazu die Buben Julius und Henry. Das Geschäft lief gut, weshalb Marcus neben den selbst gefertigten Kleidungsstücken bald auch Waren von anderen Herstellern verkaufte. Da er dringend Mitarbeiter brauchte, schrieb er nach Bayern, worauf seine Schwester Regina die Koffer packte und ebenfalls in die USA emigrierte. Als sie nach einigen Jahren einen benachbarten Kaufmann heiratete, bot Marcus dem Schwager eine geschäftliche Partnerschaft an und eröffnete einen Kurzwarenladen für Herren in bester Geschäftslage, den Reginas Mann führte.

Der amerikanische Bürgerkrieg (1861–1865) und dessen Nachwehen führten jedoch dazu, dass die wirtschaftliche Lage sich immer weiter verschlechterte, worauf Bertha Marcus überredete, seine Läden zu verkaufen und mit der Familie nach New York zu ziehen, weil sie sich dort bessere Aussichten versprach. Was Marcus dazu brachte, statt wieder ins Textil- als Greenhorn ins Bankgeschäft einzusteigen, ist nicht klar; möglicherweise bekam er aber mit, dass andere jüdische Einwanderer, die wie er als Hausierer begonnen hatten, inzwischen äußerst erfolgreich im Finanzsektor tätig waren, allen voran die Familien Seligman und Lehman.

Kurz nach der Ankunft in New York gründete der knapp Fünfzigjährige in der Pine Street in Manhattan ein eigenes Geldinstitut: »Marcus Goldman, Banker und Broker«, stand auf dem Schild seines Unternehmens, das er anfangs, von einem halbtags arbeitenden Buchhalter abgesehen, ganz alleine führte. Der Neubankier spezialisierte sich darauf, Schuldscheine von Juwelengroßhändlern aufzukaufen, denen er zwischen acht und neun Prozent weniger zahlte als den eigentlichen Wert. Für die Besitzer von Schuldscheinen war dieser Deal interessant, weil sie damit anstelle eines Papierscheins, der nutzlos ist, solange er nicht eingelöst wird, in den sofortigen Besitz von Kapital kamen. Goldmann verkaufte die Wechsel anschließend mit einem Gewinn von einem bis eineinhalb Prozent an andere Banken weiter, die so Schuldscheine zu einem, dann günstigeren Preis als den ursprünglichen Wert bekamen – und ebenfalls einen Gewinn einstreichen konnten, da die Schuldner ihnen bei Fälligkeit die volle Summe zahlen mussten. Da der Neuinvestor seine Geschäfte auf der Straße und nicht vom Büro aus erledigte, konnte er die Firmen, mit denen er es zu tun hatte, vor Ort unter die Lupe nehmen und gleichzeitig neue Kontakte knüpfen. Sein Kapital – die Wechselnoten – trug er dabei, geschützt vor fremden Blicken in die Innenseite seines Zylinders eingenäht, immer mit sich herum. Für gestandene Geschäftsleute mag Goldmans Gebaren vielleicht kleinkrämerisch gewirkt haben, doch mit Peanuts gab sich der Mann, der seinem Namen nun alle Ehre machte, keineswegs zufrieden: Am Ende des ersten Geschäftsjahres hatte er Wechsel von insgesamt fünf Millionen Dollar verkauft – was heute einen Gegenwert von etwa neunzig Millionen Dollar darstellen würde. Goldman kam dabei auch zugute, dass sich der Markt, kurz nachdem er ins Geschäft eingestiegen war, entscheidend veränderte: Als 1873 ein renommiertes Bankhaus in Philadelphia pleiteging und zugleich die bis dahin beliebten Eisenbahn-Aktien in den Keller stürzten, suchten Investoren nach einem sicheren Hafen und stiegen zunehmend ins Geschäft mit Edelsteinen um. Goldman profitierte ebenso wie die Juwelenhändler von diesem Boom und sein Unternehmen wuchs und wuchs: 1882 setzte das Bankhaus dann schon dreißig Millionen Dollar um.

An seinem sechzigsten Geburtstag 1881 entschloss sich der gebürtige Trappstädter, einen tüchtigen jungen Mann mit ins Boot zu holen: Samuel Sachs, den Sohn seines alten Freundes Joseph. Samuels Verbindung mit den Goldmans war aber nicht nur geschäftlicher Natur: Durch die Heirat mit Tochter Louisa war er zum Schwiegersohn von Marcus Sachs geworden. Der hatte sich vorher davon überzeugt, dass Samuel ein Händchen fürs Geschäft hatte und dieser Eindruck sollte ihn nicht täuschen. Ein Jahr, nachdem der junge Mann im Bankhaus Goldman angefangen hatte, bot Marcus ihm an, sich in die Firma einzukaufen. Samuel willigte in den Deal ein, die volle

*1896 wurde Goldmans Bank an der Börse in der Wall Street in New York aufgenommen.*

*An der Spitze der Finanzwelt: Marcus Goldman legte eine beeindruckende Karriere hin.*

Summe sollte er jedoch nie bezahlen, denn als sein dritter Sohn geboren wurde, drängte Bertha darauf, dass ihr Mann den Kindern die Schulden erließ. Inzwischen hatte Marcus auch seinen Sohn Henry und einen weiteren Schwiegersohn, Ludwig Dreyfuss, der mit der Tochter Rebecca verheiratet war, als Juniorpartner aufgenommen und 1885 wurde der Firmenname in Goldman Sachs & Co. geändert. Die Bande der Familien Goldman und Sachs wurden übrigens doppelt gestärkt, denn Rosa hatte Samuels Bruder Julius geheiratet.

Für Marcus Goldman sollte sich noch zu Lebzeiten sein letzter großer Traum erfüllen: 1896 gelang ihm die Aufnahme an der New Yorker Börse, dem damals größten Finanzzentrum der Welt. 1900 zog sich der gebürtige Bayer, der einst als Hausierer so klein angefangen hatte und sich an die Spitze der amerikanischen Bankenwelt hochgearbeitet hatte, aus dem Geschäft zurück; vier Jahre später starb Marcus Goldman im Alter von dreiundachtzig Jahren.

## Der bekannteste Hosenfabrikant der Welt
*Levi Strauss (1829–1902)*

Ein junger Bursche kommt mit seiner Familie nach Amerika, eröffnet einen Laden für Kurzwaren, fertigt mit einem Kompagnon praktische Arbeitskleidung und schafft es damit zu einem gewissen Wohlstand. Bis hierher ähnelt der Werdegang des gebürtigen Oberfranken dem vieler Auswanderer, die sich in der Fremde erfolgreich eine neue Existenz aufgebaut haben. Dass der Name Levi, wie sich Loeb in den USA nannte, heute noch so bekannt ist, hängt mit einer Hose zusammen, die sich seit ihrer Patentierung unter der Marke »Levis« zur bekanntesten Hose der Welt entwickelt hat und die ein kleines bisschen auch »made in Bavaria« ist. Loeb Strauss aus Buttenheim, 1829 in die Familie eines jüdischen Hausierers für gebrauchte Kleidung hineingeboren, ist ein wortwörtliches Beispiel für das, was die US-Amerikaner mit »from rags to riches« umschreiben – von Lumpen zum Reichtum, auf Deutsch: »vom Tellerwäscher zum Millionär«.
Das Handeln mit Kleidung und Kurzwaren sollte auch das erste Standbein der Familie in den USA werden. Loeb war in der zweiten Ehe seines Vaters Hirsch auf die Welt gekommen. Aus der ersten Ehe hatte Hirsch bereits fünf Kinder, mit seiner Frau Rebecca bekam er außer Loeb noch eine Tochter. Als der Vater 1846 nach längerem Leiden an Tuberkulose starb, stand die Familie vor dem finanziellen Ruin. Da die beiden ältesten Söhne bereits nach Amerika ausgewandert waren, beschloss Rebecca ein Jahr nach dem Tod ihres Mannes, ihnen mit den drei jüngsten Kindern zu folgen. Loebs älteren Halbbrüdern Jonathan und Lippmann, die sich nunmehr John und Louis nannten, war es inzwischen geglückt, in New York in den Textilhandel einzusteigen.
Levi, wie sich der Achtzehnjährige nannte, lernte nach der Übersiedlung im Geschäft seiner Geschwister und nahm 1853 die amerikanische Staatsbürgerschaft an. Noch im gleichen

Jahr zog es ihn nach San Francisco, wo gerade der große Goldrausch ausgebrochen war. Doch anders als die Horden von Glücksrittern, die sich in kostspielige Abenteuer stürzten in der Hoffnung, selbst eine Goldader zu finden und dabei oft scheiterten, behielt Levi einen kühlen Kopf. Mit dem Ehemann seiner Schwester Fanny, die ebenfalls nach Kalifornien gezogen war, und Bruder Louis gründete er einen Großhandel, der die Geschäfte im »Wilden Westen« mit Kleidung, Stiefeln und jenem Kleinkram belieferte, den ein Goldwäscher zum Überleben brauchte. Das Geschäft florierte und bald musste sich »Levi Strauss & Co. Importeur« größere Räumlichkeiten suchen.

Doch der wirklich große Coup stand erst noch bevor: 1872 kreuzte sich Levis' Weg mit dem eines einfallsreichen Schneiders namens Jacob Davis aus Reno in Nevada – einem gebürtigen Letten. Davis bezog schon seit geraumer Zeit Stoff aus der Strauss'schen Niederlassung und nähte daraus Arbeitskleidung. Dabei hatte er die Erfahrung gemacht, dass die bis dahin gängigen Hosenmodelle sich als nicht besonders strapazierfähig erwiesen für Männer, die ihren Alltag zwischen Fels und Fluss verbrachten. Davis entwickelte daraufhin eine Hose, bei der er die Stellen, die besonders leicht aufrissen, mit Metallnieten verstärkte. Um seine Erfindung in größerer Menge zu produzieren, fehlte es ihm aber an finanziellen Mitteln. Er wurde deshalb bei Levi Strauss vorstellig, der bisher ebenfalls Beinkleider herkömmlicher Machart vertrieben hatte. Die beiden taten sich zusammen und reichten ein Patent auf die genietete Arbeitshose ein, das am 20. Mai 1873 gewährt wurde. In ihrer Produktion erhielt das Modell die Nummer 501 – die heute noch zur Bezeichnung der klassischen Levis-Jeans verwendet wird. Das Sortiment der neuen Firma umfasste aber nicht nur Hosen, es wurden auch Mäntel und Jacken aus »Denim« gefertigt. Der Begriff Denim ist eine Verballhornung der Herkunftsbezeichnung »de Nîmes« (gesprochen »Dönimm«) aus Nîmes. Aus dieser französischen Stadt stammte nämlich der Baumwollstoff, den Strauss verwendete.

*Loeb »Levi« Strauss, der
Vater der Jeans, stammte
aus Bayern.*

Heute steht der Begriff speziell für Stoffe im traditionellen Jeansblau. Der Farbton entsteht, indem bei der Stoffherstellung blaue und weiße Fäden miteinander verwoben werden. Auch der Begriff »Jeans«, im deutschen Sprachgebrauch am häufigsten verwendet, geht auf einen Ort zurück. Im italienischen Genua wurden im 19. Jahrhundert ebenfalls Baumwollstoffe gefertigt. Aus dem französischen »de Gênes« (gesprochen »Döschänn«) – aus Genua, wurde im Amerikanischen das lautmalerisch ähnlich klingende »Dschiens«. Dass die »Jeans« schnell in aller Munde war, zeigen die Verkaufszahlen: Im Jahr der Patentierung wurden schon über siebzigtausend Hosen und Mäntel abgesetzt und zehn Jahre später war die Firma auf über fünfhundert Mitarbeiter angewachsen. Levi Strauss, der nie geheiratet hat, lebte bis zu seinem Tod im

*In Buttenheim kam Loeb Strauss zur Welt, heute ist sein Elternhaus ein Museum mit Erinnerungen an den Jeansfabrikanten.*

September 1902 im Haus seiner Schwester Fanny und deren Familie.
Die Leitung der Firma hatte er testamentarisch ihren vier Söhnen übertragen. Außerdem verfügte der gebürtige Franke, dass seine umfangreichen karitativen Stiftungen weitergeführt werden sollen. Dass seine Nachfolger nicht nur den Geschäftssinn, sondern auch die wohltätige Gesinnung des

Onkels geerbt hatten, zeigte sich knapp vier Jahre nach Levi Strauss' Tod. Am 18. April 1906 erschütterte ein furchtbares Erdbeben die Region und legte weite Teile San Franciscos in Schutt und Asche, darunter auch die Strauss'sche Fabrik. Mit großer unternehmerischer Tatkraft bauten die vier Neffen die Firma wieder auf. Ihre Mitarbeiter bekamen während der ganzen Zeit den vollen Lohn bezahlt, und die Brüder unterstützten zudem Geschäftspartner, deren Existenz gefährdet war, mit langfristigen Krediten.
Bequem und lange haltbar, gelang der Jeans in den ersten Jahrzehnten des 20. Jahrhunderts dann auch der Sprung weg von der Arbeits- in die Alltags- und Freizeitmode. Als amerikanische Soldaten im Zweiten Weltkrieg die Jeans nach Deutschland brachten, kehrte damit ein kleines Stück bayerische Geschichte zurück.
In Levi Strauss' Geburtshaus in Buttenheim erinnert heute ein Museum an den Franken, der vom armen Schlucker zum bekanntesten Hosenfabrikanten der Welt aufstieg.

## Das Heil in der Flucht
*Kaiserin Elisabeth von Österreich (1837–1898)*

Sie ist mehr als hundert Jahre nach ihrem Tod immer noch eines der größten Zugpferde für den österreichischen Fremdenverkehr, und das, obwohl sie weder in der ehemaligen Donaumonarchie geboren noch zu Lebzeiten viel Zeit in ihrer neuen Heimat verbracht hat. Wäre Kaiserin Elisabeth, die 1837 in München zur Welt kam, brav in der Wiener Hofburg gesessen und hätte Altardeckchen gestickt, hätten heutige Marketingexperten lange nicht so viel Grund, sich die Hände zu reiben, wenn es um die Vermarktung aller nur vorstellbaren Aspekte im Zusammenhang mit der Person Sisis geht.
Doch Elisabeth dachte gar nicht daran, die damals für Kaisergattinnen vorgesehene Rolle zu übernehmen: Sobald ihr eine Aufgabe unangenehm wurde, ließ sie die Koffer packen und suchte das Weite. In der modernen Welt der allseits präsenten Paparazzi hätten ihre Fluchten die Aufmerksamkeit nur zusätzlich erhöht, denn Schnappschüsse von Hoheiten, die privat unterwegs sind, gehören zu den meistgedruckten Motiven – zumal eine Herrscherin, die nach ihrem dreißigsten Lebensjahr öffentlich nur mit Schleier auftrat, die Jagd nach einem Foto mit unbedecktem Gesicht erst recht anheizen würde. In der Habsburgerwelt des 19. Jahrhunderts wurde die Presse jedoch noch streng an die Kandare genommen und jedes ungebührliche Verhalten der Herren Reporter in Bezug auf die Kaiserin wäre nichts weniger als Majestätsbeleidigung gewesen. Heutige Heiratskandidatinnen wissen in der Regel, was auf sie zukommt, wenn sie bei Königs und Co. einheiraten, doch der fünfzehnjährige Backfisch, in den sich Franz Joseph verliebte, wurde von den Ereignissen im Sommer 1853 in Bad Ischl sowieso vollkommen überrollt.
Ursprünglich war nämlich Elisabeths ältere Schwester Helene, genannt Néné, von den beiden Müttern Sophie und Ludovika, die Schwestern waren, für »Franzi« ausgesucht worden. Doch

der dreiundzwanzigjährige Kaiser widersetzte sich den Plänen seiner Anverwandten und erklärte: entweder Sisi oder keine. Die junge Braut wurde von ihrer Verlobung in Bad Ischl völlig überrumpelt und sollte später bekennen: »Einem Kaiser gibt man keinen Korb.« Per Crashkurs wurde die Wittelsbacherin bis zur Hochzeit im Frühjahr 1854 auf ihre neue Rolle vorbereitet. Das Fest, das viele junge Frauen als den schönsten Tag im Leben herbeisehnen, sollte sich für die inzwischen sechzehnjährige Elisabeth jedoch als wahrer Albtraum erweisen. Obwohl der offizielle Abschied von München und die anschließende Reise per Schiff von Passau aus nach Wien schon anstrengend genug waren, folgte gleich eine mehrtägige Hochzeitsfeier, bei der Sisi immer wieder in Tränen ausbrach vor lauter Erschöpfung. Auch danach verbesserte sich die Situation aus ihrer Sicht nicht wesentlich: Nach wenigen Tagen schon kehrt der Kaiser wieder in seinen Alltag hinter dem

*Das einzige Foto, auf dem Franz Joseph (ganz links) und Sisi (vorne links) mit ihren Kindern Rudolf und Gisela gemeinsam abgebildet sind. Das Bild von 1861 zeigt weiters die Brüder des Kaisers, Max mit Ehefrau Charlotte (neben Franz Josef), Karl Ludwig und Ludwig Victor, sowie Sisis Schwiegermutter Sophie und deren Mann.*

*Ihre langen Haare waren der Kaiserin heilig. Gemälde von Franz Xaver Winterhalter.*

Schreibtisch zurück und hat wenig Zeit für seine Frau, die einsam und voller Heimweh nach Bayern ist.
Immerhin erfüllt Elisabeth erwartungsgemäß ihre Pflicht: Mit einundzwanzig Jahren hat sie drei Kinder zur Welt gebracht, darunter auch den ersehnten Thronfolger. Die Überwachung der Erziehung hat ihr schnell die Schwiegermutter aus der Hand genommen, weil sie der Ansicht ist, Sisi sei dafür nicht reif genug. Erst in späteren Jahren schafft es die Kaiserin, sich in punkto Erziehung durchzusetzen. Eine tiefere Beziehung zu ihren beiden älteren Kindern sollte sie dann jedoch nicht mehr bekommen. Eines wird Elisabeth aber sehr schnell lernen: Ihr Mann ist erpressbar. Egal, wie exzentrisch sich seine Ehefrau auch geben mag, für ihn ist und bleibt sie seine »Engelssisi«. Wenn die Kaiserin etwas durchsetzen will, muss sie sich ihrem Mann nur verweigern, im Schlafzimmer ebenso wie im Salon, und bald ist Franz Joseph weich wie Wachs. Der Herrscher einer der mächtigsten Nationen Europas ist zu Hause ein Pantoffelheld, der Briefe an seine Frau mit »dein Kleiner« oder »dein Männchen« unterschreibt. Für die seelische Gesundheit der jungen Mutter ist dieses Verhalten allerdings wenig zuträglich. Sisi hätte eine emotional starke Person neben sich gebraucht, an die sie sich anlehnen kann und die ihr in ihrem zunehmend exzentrischem Gehabe auch einmal einen Riegel vorschiebt. Wie so viele Menschen, die über einen längeren Zeitraum für sie stressbehafteten Situationen ausgesetzt sind, beginnt die Kaiserin zu kränkeln. Chronischer Husten sollte das erste von zahlreichen Wehwehchen sein, die Sisi bis zu ihrem tragischen Ende im Jahr 1898 nicht mehr losließen. Aus heutiger Sicht ist es schwer zu beurteilen, welche ihrer zahlreichen Symptome tatsächlich auf einer körperlichen Erkrankung beruhten und welche durch seelischen Stress ausgelöst wurden, doch mit großer Sicherheit ist anzunehmen, dass die junge Mutter an Anorexia nervosa litt. Im allgemeinen mit »Magersucht« übersetzt, steckt hinter diesem Krankheitsbild aber weit mehr als nur der Zwang, immer weiter an Gewicht zu verlieren. Heute sind es meist Models, die mit dieser Erkran-

*Kaiser Franz Joseph war die meiste Zeit der Ehe allein in Wien.*

kung in Verbindung gebracht werden, doch auch hier braucht es mehr als nur den Wunsch, möglichst wenig zu wiegen, um konkurrenzfähig zu bleiben. Ursache der Erkrankung ist meist das Gefühl, nicht mehr selbst die Kontrolle über sein Leben zu haben. Wenn sie in dieser Situation streng Diät halten und damit bestimmen, was und noch viel mehr: was nicht in ihren Mund kommt, schaffen Magersüchtige sich einen Ersatz für den empfundenen Mangel an Kontrolle. Jedes Gramm weniger ist für diese Patienten ein Grund, sich »selbstbewusst« zu fühlen, im wahrsten Sinn des Wortes. Um das Abnehmen zu unterstützen, stürzen sich Menschen mit Anorexie oft in körperliche Aktivitäten, die sie bis zum Exzess betreiben – ein Zwang, der auch bei Kaiserin Elisabeth immer stärker auftritt. Sie unternimmt stundenlange Gewaltmärsche, zum Leidwesen ihrer Hofdamen, die sie auf diesen Touren begleiten müssen.

*Sisi ließ sich ab 1870 nicht mehr fotografieren. Um einigermaßen glaubwürdige Bilder von der Kaiserin zu bekommen, mussten Fotografen frühere Fotos verwenden und die Kaiserin per Retusche künstlich altern lassen.*

Dazu lässt sich Sisi überall Turnräume einrichten – einer davon ist noch heute in der Wiener Hofburg zu besichtigen. Auch ihr Reitpensum steigert die Kaiserin mehr und mehr. Sie trainiert gezielt Hindernisreiten, um an Parforcejagden teilzunehmen, die sie durch ganz Europa führen: England, Irland, Ungarn – kaum ein Weg ist ihr zu weit, um nicht mit großem Gefolge einer entsprechenden Einladung zu folgen. Die Kaiserin sonnt sich dabei im Glanz ihrer Erfolge, sie lässt sich hofieren und von jungen feschen Männern anhimmeln. Ist sie dann wieder in Wien, was mit der Zeit immer seltener vorkommt, beginnt sie sofort wieder zu kränkeln. Den Aufgaben, deren Erfüllung man von einer Frau in ihrer Position eigentlich erwartet, weicht sie, wo es nur geht, aus. Hofbälle, Empfänge, Diners und dergleichen sind ihr ein Gräuel, sie hasst es, Konversation zu betreiben, und noch viel mehr hasst sie es, wenn die

*1898 wurde Elisabeth auf einer ihrer Reisen in Genf ermordet. Titelbild der »Wiener Blätter«, erschienen am Tag der Beerdigung.*

Menschen sie neugierig anstarren. Franz Joseph ist alldem hilflos ausgeliefert. Der Kaiser von Österreich muss darum betteln, seine Frau ab und zu noch zu Gesicht zu bekommen. Das Wissen über psychische Erkrankungen und noch mehr die Behandlungsmethoden stecken im 19. Jahrhundert noch in den Kinderschuhen – und es braucht dazu auch einen Patienten, der so einsichtig ist, sein Verhalten als pathologisch zu erkennen. Sisi sollte bis an ihr Lebensende kein probates Mittel finden, um innerlich zur Ruhe zu kommen. Das kommt auch in den Gedichten, die sie heimlich verfasst, zum Ausdruck: Immer wieder kreisen ihre Verse um die Sehnsucht nach Tod und Erlösung. Als sich im Jahr 1889 ihr Sohn Rudolf mit dreißig Jahren das Leben nimmt, verliert die Kaiserin völlig den Halt. Sie reist nun unablässig von einem Kuraufenthalt zum nächsten, das Reiten hat sie längst aufgeben müssen, weil sie an Rheuma und Ischias leidet. Am 10. September 1898 wird Elisabeth das zufällige Opfer des italienischen Anarchisten Luigi Lucheni. Der Fünfundzwanzigjährige sticht der Kaiserin in Genf auf dem Weg zur Dampferanlegestelle mit einer Feile ins Herz. »Was ist mit mir geschehen?«, sind ihre letzten Worte, ehe sie bewusstlos zusammenbricht – ein Ausspruch, der auf ihr Leben insgesamt zutrifft. Mit sechzehn Jahren von Bayern nach Österreich geschickt, um dort Kaiserin zu werden, reiste Sisi mit Siebenmeilenstiefeln rastlos durch die Welt, auf der Suche nach einer echten Heimat – die sie nie finden sollte.

## Vom Glück des Tüftlers
*Charles August Fey (1862–1944)*

Ganze Heerscharen von Glücksrittern stehen tagtäglich vor der Erfindung eines Bayern und hoffen mit nur einem Ruck das große Geld zu gewinnen.
Augustus Josephus Fey selbst sollte mit seiner »slot-machine«, der »Schlitzmaschine«, wie der einarmige Bandit, den er 1895 erfand, im Amerikanischen genannt wird, nicht zum Multimillionär werden. Viele Zeitgenossen sahen ihn nur als Vertreter einer Branche, die so manchen Spielwütigen um Hab und Gut bringt. Die ausgeklügelte Mechanik, die in den geldschluckenden und manchmal auch -spuckenden Apparaten des gebürtigen Schwaben steckt, ignorierte man dabei vollkommen.
Fey kam am 2. Februar 1862 in Vöhringen, südlich von Ulm gelegen, als sechzehntes Kind des Schullehrers Karl Fey und dessen Frau Maria zur Welt. Mit vierzehn Jahren begleitete August seinen älteren Bruder Edmund in den Ferien nach München, wo dieser eine Stelle in einer Manufaktur hatte, die landwirtschaftliche Pflüge herstellte. August ging seinem Bruder bei der Arbeit zur Hand und entdeckte dabei eine lebenslang anhaltende Liebe für Maschinen. Wieder zu Hause, hatte August zunehmend Schwierigkeiten, sich dem despotischen Regime des Vaters unterzuordnen – und dann drohte dem jungen Burschen in absehbarer Zeit auch noch der Militärdienst. Da ein Bruder seiner Mutter bereits in den 1850er Jahren nach New Jersey ausgewandert war, beschloss August, dem Weg des Onkels zu folgen und sein Glück ebenfalls in den Vereinigten Staaten zu suchen. Mit nur fünfzehn Jahren verließ er Elternhaus und Heimat und machte sich auf nach Frankreich, wo er sich in einer Fabrik genügend Geld verdiente, um nach London weiterreisen zu können. Dort kam er bei einem Hersteller nautischer Instrumente unter, wo er sich die Summe für die Überfahrt erarbeiten wollte. Ob er tatsächlich fünf Jahre schuften musste, bis er die nötige Summe beieinander hatte,

oder ob es ihm in der britischen Hauptstadt so gut gefiel, dass er deswegen nicht eher die Reise über den Atlantik antrat, ist nicht bekannt. Sein Weg führte ihn dann aber doch wie geplant in Richtung Amerika, wo er anfangs bei seiner Verwandtschaft in New Jersey unterkam. Als der Onkel jedoch bald darauf beschloss, wieder nach Deutschland zurückzukehren, brach August in Richtung Westen auf, in jenes Gebiet, das erst seit Kurzem erschlossen war und in dem so mancher junge Abenteurer den Weg zum großen Geld gefunden hatte.

Fey kam im Frühjahr 1885 in San Francisco an, einer Stadt, die in einem Zeitraum von gerade mal vier Jahrzehnten quasi von null auf knapp 300 000 Einwohner angewachsen war. Hauptgrund für den rasanten Zuzug war der Goldrausch, der 1848 begonnen hatte – und auch wenige Jahre später schon wieder zu Ende war. Die Ausbreitung der wie Pilze aus dem Boden schießenden Städte ging indes weiter, denn die wirtschaftlichen und politischen Gegebenheiten in Europa und Asien trieben Hunderttausende von Immigranten auf der Suche nach einem besseren Leben in die USA. Mitten in diesem Getümmel aus Amerikanern, Iren, Chinesen, Italienern und Deutschen befand sich auch August, der mit seinen gerade einmal dreiundzwanzig Jahren schon ein ziemliches Wanderleben hinter sich hatte. Doch im sonnigen Kalifornien, so schien es, sollte der Vöhringer nun Wurzeln schlagen und einer erfolgreichen Zukunft entgegensehen: Nicht nur, dass er ein arbeitsamer junger Mann war, der im Handumdrehen Arbeit fand, er verliebte sich auch in ein Mädchen namens Marie Volkmar, deren Eltern aus Westfalen in die USA emigriert waren und in San Francisco einen florierenden Zigarrenhandel betrieben. Doch dann drehte sich das bisher so wohlwollende Schicksalsrad von einem Tag auf den anderen in eine völlig andere Richtung: Bei einer ärztlichen Untersuchung stellte sich heraus, dass August an Tuberkulose erkrankt war, und das offenbar so heftig, dass ihm maximal noch ein Jahr Lebenszeit gegeben wurde. Doch Fey war den langen Weg von Bayern nach San Francisco nicht gegangen, um jetzt einfach aufzugeben. Er

*Charles Fey im Alter von etwa vierzig Jahren*

kaufte sich ein Pferd und reiste nach Mexiko, da er sich vom warmen, trockenen Klima dort Besserung erhoffte. Doch die wollte und wollte nicht eintreten und so ritt der Schwerkranke verzweifelt wieder zurück nach San Francisco. Hier erfuhr er von einer von den indianischen Ureinwohnern praktizierten Therapie, bei der Blätter des Kreosotbusches verwendet wurden. Zum Einsatz kam diese Arznei bei Krankheiten von Windpocken über Schwindsucht bis hin zu Schlangenbissen. Ob nun tatsächlich die Behandlung mit Kreosot für seine Genesung verantwortlich war oder einfach die Zeit die Heilung übernahm: August Fey wurde trotz des vorangegangenen Todesurteils wieder vollkommen gesund und ging nun mit noch mehr Eifer an die Planung seiner Zukunft. Er fand einen Job bei der Western Electric Manufacturing Company und konnte 1889 endlich auch seine Marie heiraten. Der schwäbische Lehrerssohn war nun endgültig in der Neuen Welt angekommen, was er mit der Änderung seines Namens unter-

strich. Weil er seinen amerikanischen Spitznamen »Gus« – ausgesprochen »Gass« – hasste, ließ er sich in Charles August Fey umbenennen – gerufen wurde er »Charly«.
Während die junge Ehefrau innerhalb der nächsten sieben Jahre vier Kinder zur Welt bringt: die Töchter Alma, Elsie und Marie und zuletzt Sohn Edmund, bastelt Charles an einer neuen Karriere. Zusammen mit seinen ebenfalls deutschstämmigen Arbeitskollegen Theodor Holtz und Gustav Schultze beginnt Fey, Glücksspielautomaten zu entwickeln. Erste Maschinen gibt es zu der Zeit schon, aber die haben nur einen Schlitz, um Geld einzuwerfen – deshalb auch die amerikanische Bezeichnung »slot-machine« – Schlitzmaschine. Die Überwachung und Auszahlung der Gewinne konnte die Maschine nicht selbständig erledigen, das musste noch von Menschenhand übernommen werden.
Gespielt wurde Poker, die Automaten bestanden aus fünf Trommeln, auf die Karten montiert waren. Weil die Kombinationsmöglichkeiten dabei so hoch waren, wäre ein Pokerautomat, der den Gewinn automatisch ausspuckt, kaum zu realisieren gewesen. Fey, der inzwischen seinen Job in der Fabrik aufgegeben hatte, um rund um die Uhr an seinen Maschinen zu tüfteln, suchte deshalb nach einer einfacheren Variante. Als Grundlage diente ihm anfangs noch die Maschine mit den Pokerkarten, die er auf drei Trommeln abspeckte und zu einem Lotteriespiel veränderte, doch bald kam dem einfallsreichen Bastler die Idee, ganz auf die Kartensymbole zu verzichten und dafür Bilder von Früchten zu verwenden sowie als Gewinnsymbol ein Glockenbild, die »Liberty Bell«, benannt nach der historischen Freiheitsglocke von Philadelphia. Drei Glockensymbole in einer Reihe bedeuteten einen Hauptgewinn – weshalb Fey die neue Erfindung auch »Liberty Bell« taufte. Bei einer verbesserten Version waren die Symbole nicht mehr auf Karten aufgemalt, sondern auf einen Papierstreifen, der als Ring über die Trommel lief. Der maximale Gewinn lag damals bei fünfzig Cent, was überhaupt kein Vergleich zu den Summen ist, die heutige Automaten ausspucken können. Der

*In der Market Street in San Francisco hatte Fey eine Firma für Automaten, die 1906 dem Erdbeben zum Opfer fiel.*

derzeitige Rekordgewinn einer einzelnen Person aus einem einarmigen Banditen liegt in Las Vegas bei knapp vierzig Millionen US-Dollar, erzielt im Jahr 2003.

Seine Maschinen betrieb Fey nicht selbst, er verlieh sie an Geschäfte und Lokale und kassierte dafür die Hälfte der Einnahmen. Der spiellustige Teil der Bevölkerung nahm diese neue Erfindung begeistert auf: Man brauchte dazu keinerlei Kenntnisse wie zum Beispiel bei Pokermaschinen, sondern musste nur ein passendes Geldstück in den Schlitz werfen, den Hebel ziehen – daher auch der deutsche Begriff »einarmiger Bandit« – und darauf hoffen, dass der Kasten am Ende etwas ausspuckte. Während Fey sich über den Erfolg seiner Erfindung freuen konnte – die von der Konkurrenz dann auch schnellstens nachgebaut wurde, da es auf Glücksspielautomaten kein Patent gab –, gingen immer mehr Glücksspielgegner auf die Barrikaden, um den in ihren Augen sündhaften Teufelsmaschinen den Garaus zu machen.

Doch der Kampf gegen das Laster verlor erst einmal völlig an Bedeutung, als San Francisco von einer verheerenden Katastrophe heimgesucht wurde: Am 18. April 1906 bebte die Küste Kaliforniens und legte große Teile der Stadt in Schutt und Asche. Auch die Firma von Charles Fey in der Hauptverkehrsader Market Street fiel dem Beben und den anschließenden Bränden zum Opfer. Dank der Unterstützung einer einflussreichen Freundin konnte sich der Unternehmer aber innerhalb von Monaten eine neue Firma aufbauen, zuerst in einem Wellblechschuppen und bald darauf wieder in einem festen Gebäude. Die Glücksspielgegner, hauptsächlich aus den Reihen der religiösen Gemeinschaften, kamen indes auch wieder in Fahrt und gewannen derart an Einfluss, dass 1909 ein Gesetz für San Francisco erlassen wurde, das jeglichen Betrieb von Geldspielautomaten verbot. Nevada zog ein Jahr später nach und 1911 wurde das Verbot von San Francisco auf den ganzen Bundesstaat Kalifornien ausgeweitet.

Fey fackelte nicht lange: Er machte seine Firma dicht und siedelte mit der Familie nach Chicago über, wo er in einer Fabrik Arbeit fand, die Waagen herstellte. Wenig später

*San Francisco nach dem verheerenden Erdbeben*

machte er sich zusammen mit einem Kompagnon selbständig und produzierte von nun an eigene Messinstrumente. 1914 kehrte der Mittfünfziger, dessen Sohn Edmund inzwischen mit im Geschäft arbeitete, nach San Francisco zurück und eröffnete dort wieder eine Firma. »Charles Fey and Company Weighing Scales« stellten zwar weiter Waagen her; doch die Nachfrage nach Spielautomaten war trotz des Verbots nicht abgerissen, weshalb Charles auch weiter – mehr oder minder heimlich – solche Maschinen baute. Er nutzte dabei eine Lücke im Gesetz, das nur den Betrieb von Geldspielautomaten verbot. Der findige Tüftler entwarf nun Modelle, die kein Bargeld ausspuckten, sondern Kaugummi, Süßigkeiten oder Gutscheine. Diese konnten dann entweder in Zigaretten, Spielmünzen oder auch Bargeld umgetauscht werden. Mit dem Beginn der Prohibition 1920 geriet der Bau und Betrieb von Spielautomaten erneut ins Zwielicht, doch ähnlich wie Alkohol, der in den sogenannten Flüsterkneipen genauso floss wie vor dem Verbot, boomte auch das heimliche Glücksspiel. Barbesitzern wie auch Kunden war es nämlich ziemlich egal, dass Trinken und Zocken illegal war. Um öffentlichkeitswirksame Zeichen gegen das Laster zu setzen, veranstalteten die Behörden großangelegte Vernichtungsaktionen, bei denen Polizisten Fabriken und Saloons stürmten, in denen Spielautomaten vermutet wurden. Die vorgefundenen Maschinen wurden konfisziert und öffentlich verschrottet. Bei einer Razzia 1934 in Los Angeles traf dieses Schicksal auch zweihundert Automaten aus einem Lagerhaus von Charles Fey. Der ließ sich, genauso wie die Konkurrenz, von derartigen Rückschlägen nicht beirren, denn die Branche befand sich seit 1931 wieder im Aufwind, nachdem das Glücksspiel im Bundesstaat Nevada legalisiert und damit der Verkauf und Betrieb von Spielautomaten dort wieder erlaubt worden war. Vor allem die Städte Reno und Las Vegas sollten sich schnell zu Hochburgen der Unterhaltungsindustrie entwickeln – was sie bis heute geblieben sind.
Charles Fey führte trotz seiner geschäftlichen Erfolge ein zurückgezogenes Leben – was sicher auch mit dem für

*1934 stürmen die Behörden Feys Fabrik und beschlagnahmten zweihundert Automaten.*

bestimmte Kreise »anrüchigen« Geschäftsfeld zu tun hatte, in dem er sich mit seinen Automaten bewegte. Große Anerkennung fand er dafür aber innerhalb der Branche. Einer seiner größten Konkurrenten, Herbert Mills, hatte einmal geäußert, dass er gar nicht glauben könne, welch exzellente Mechanik Charles Fey auf so kleinem Raum untergebracht habe, nachdem er eine Liberty Bell des gebürtigen Bayern zerlegt und inspiziert hatte – um sie postwendend nachzubauen.
Charles Fey starb am 4. November 1944 in San Francisco im Alter von zweiundachtzig Jahren. Im staatlichen Museum von Nevada wird derzeit eine Sammlung originaler Automaten aus dem Besitz der Fey'schen Familie restauriert, um sie anschließend auszustellen. Feys Enkel hatten die Maschinen des Opas aus den Jahren 1895 bis 1937 ein halbes Jahrhundert lang in ihrem »Liberty Belle Saloon« in Reno präsentiert, einem Restaurant, das sie aus Altersgründen 2006 aufgaben. Von der ersten Liberty Bell existieren heute nur noch drei Stück – und die haben ihren Preis: Bei einer Auktion 1996 zahlte ein Sammler für eines der Exemplare stolze 153 000 US-Dollar.

## Unter dem Joch der Armut
*Emerenz Meier (1874–1928)*

Emerenz Meier ist nicht nur eine der wenigen heute noch bekannten bayerischen Volksschriftstellerinnen; die Wirtstochter aus dem Bayerischen Wald verkörpert gleichzeitig auch eine Frauengeneration, die sich nicht mehr auf die berühmten drei K, Kinder, Küche, Kirche, reduzieren lassen wollte. 1874 in Schiefweg bei Waldkirchen geboren, fühlt Emerenz schon in jungen Jahren den Drang, aus dem enggesteckten Leben der ländlichen Gesellschaft auszubrechen – und das nicht nur geografisch, sondern auch geistig.
In einem Brief, den sie Jahrzehnte später aus Chicago an ihre alte Freundin Auguste Unertl schreiben sollte, gewährt Emerenz Einblick in ihren Seelenzustand als junge Frau: »Bitte, grüße Dr. Liebl von mir, es hat mich herzlich gefreut von ihm zu hören, er war mir ein selbstloser Freund, damals, als ich noch ganz grün auf Erden war. Der leichtfüßige, leichtgemutete Student, der so viel Sinn für das Höhere besaß, mich Burns und Dickens kennen und lieben lernte und dadurch mich anleitete, vorwärts zu gehen auf dem Weg, der doch einem Bauernmädchen fremd bleiben sollte nach der Denkart der meisten Bürger von damals, die nur ihrer Klasse und der höheren das Anrecht auf Wissen und Bildung zugestanden haben wollten.«
Jener Dr. Liebl war Sohn eines Landgerichtsassessors und ebenfalls in Waldkirchen aufgewachsen. Obwohl genauso alt wie Emerenz, kreuzten sich ihre Lebenswege erst 1893 bei einer Theateraufführung. Ludwig, der zu der Zeit in München Medizin studierte, bot sich der jungen Frau, die es so stark nach Wissen und Bildung dürstete, als Mentor an.
Emerenz hatte damals schon den ersten Schritt zu dem gewagt, was später unter dem Schlagwort »Selbstverwirklichung« zu einem der Leitmotive der Frauenbewegung werden sollte. Obwohl sie nur fünf Jahre lang die Volksschule besucht

*Emerenz Meier in der Tracht ihrer Heimat. Foto: Archiv PNP*

hatte, war die junge Frau sprachlich äußerst gewandt und dazu eine gute Beobachterin: Mit großem Scharfsinn blickte sie in ihre Umwelt und verpackte das, was sie sah und empfand, in Verse oder Geschichten. Die zehn Jahre ältere Auguste Unertl, mit einem Magistratsbeamten verheiratet und ebenfalls literarisch interessiert, ermutigte Emerenz, ihre Werke an Verlage zu schicken – mit Erfolg, denn schon bald erschienen Emerenz' Gedichte in heimischen Zeitungen. Die Themen ihrer Texte kreisen um das schwere Leben der Menschen im Bayerischen Wald, ihren eigenen Alltag, der geprägt ist von harter Arbeit und ständiger Angst, eines Tages im Armenhaus zu landen. Die Familie besitzt zwar einen Gasthof mit Landwirtschaft, doch Vater Josef ist nicht unbedingt der beste Geschäftsmann und so wird jede Hand gebraucht, um daheim mitanzupacken. Als das Wirtshaus immer mehr den Bach hinuntergeht, übernimmt 1890 eine von Emerenz' fünf Schwestern zusammen mit ihrem Mann den Betrieb, Vater Josef Meier zieht mit der Familie auf einen Hof im Nachbarort Oberndorf.

Emerenz wird jetzt der Luxus einer eigenen Kammer gewährt, denn die Eltern, die sich erst über die »narrische Verserlmacherei« der Tochter aufgeregt haben, sehen in deren Arbeit nun eine willkommene Einnahmequelle für die chronisch leere Familienkasse. Doch so einfach ist es auch damals schon nicht, mit Geschriebenem ans große Geld zu gelangen. 1897 kommt zwar ein Buch heraus – es sollte Emerenz' einziges bleiben – mit dem Titel »Aus dem bayrischen Wald«, das von Kritikern auch überschwänglich gelobt wird, doch finanziell erweist sich dieses Projekt als Reinfall.

*Familie Meier (Emerenz steht ganz rechts) im Jahr 1905, kurz bevor der Vater und die Schwestern auswanderten*

Einen weiteren Rückschlag muss Emerenz hinnehmen, als ihr trotz einer Audienz am Münchner Hof kein Stipendium zur Weiterbildung genehmigt wird.
Die junge Autorin ist inzwischen zur »Sehenswürdigkeit« für Bayerwaldtouristen mutiert, die Bekanntheit setzt sich aber ebenfalls nicht in klingende Münze um. Josef Meier, der als »trinkfreudig« geschildert wird, hat in der Zwischenzeit auch seinen jetzigen Hof fast bis an die Gant gebracht und sieht nur noch einen Weg: die Auswanderung in die Vereinigten Staaten. Emerenz hat indessen versucht, in Passau eine Künstlerkneipe nach dem Vorbild von Kathi Kobus' Schwabinger Lokal »Simplicissimus« aufzuziehen, scheitert aber ebenfalls und flieht nach München, wo sie sich mit kleinen Artikeln und Geschichten für die Münchner Neuesten Nachrichten über Wasser hält. Doch die junge Frau hält es nicht lange in der Stadt, sie kehrt zurück nach Niederbayern und übernimmt den abgewirtschafteten Hof, als der Vater und zwei seiner Töchter die Koffer packen, um in den USA eine neue Heimat zu suchen. Emerenz und die einundsiebzigjährige Mutter entschließen sich ein Jahr später, der Familie, die in Chicago gelandet ist, zu folgen.
Mit 2,8 Millionen Einwohnern ist die Hauptstadt des Bundesstaates Illinois damals die zweitgrößte Stadt der USA, der Kontrast zum Bayerischen Wald hätte damit also kaum größer ausfallen können. Wie alle Metropolen in den Vereinigten Staaten ist auch Chicago ein Schmelztiegel unterschiedlichster Kulturen. Besonders beliebt ist die Stadt aber bei irischen und deutschen Einwanderern, die alle eines gemein haben: Sie hoffen in der neuen Heimat auf ein besseres Leben. Dass aber nicht all die Hunderttausende von Einwanderern tatsächlich auf der Sonnenseite landen, müssen auch Emerenz und ihre Familie leidvoll erfahren. Für die inzwischen Dreiunddreißigjährige kam dazu noch die Last einer unglücklichen Ehe: Ein Jahr nach der Ankunft in Chicago hatte sie sich mit ihrem Landsmann Franz Schmöller verheiratet, der aus Neureichenau im unteren Bayerischen Wald stammt, ein Jahr spä-

ter kam der Sohn Joseph zur Welt. Emerenz veröffentlicht zwar noch ein paar kleinere Arbeiten in deutschsprachigen Zeitungen in Chicago, doch ihren Lebensunterhalt muss sie in einer Fabrik und als Putzfrau verdienen. Ihr Mann ist ihr bei der Existenzgründung alles andere als eine Hilfe: Franz Schmöller ist Alkoholiker und leidet an der Schwindsucht; er stirbt nur drei Jahre nach der Hochzeit und bald darauf verliert Emerenz auch ihre Eltern. Eine zweite Ehe mit dem schwedischstämmigen Fabrikexpedienten John Lindgren verläuft positiver; da Lindgren seiner bayerischen Frau mehr Achtung und Verständnis entgegenbringt als der verstorbene Schmöller. Das Ehepaar zieht an den Stadtrand von Chicago und Emerenz hätte jetzt wieder mehr Ruhe, sich der Schriftstellerei zu widmen, doch sie fühlt sich dazu nicht mehr in

*Vom 200-Seelen-Dorf in Bayern in die Millionenstadt: Chicago um 1910*

*Emerenz mit ihrem Sohn
Joseph, etwa 1916*

der Lage, da »der langjährige schwere Kampf um eine Existenz im fremden Lande, unter schlimmsten Verhältnissen, meine geistige Schaffenskraft zermürbt hat«, wie sie 1924 in einem Brief an Auguste Unertl schreibt. Leider existieren keine Briefe von Emma Schmöller-Lundgren, wie sich Emerenz nun nannte, aus der Zeit von 1906 bis 1917. Eines ist aber bekannt: Obwohl sie selbst immer knapp bei Kasse ist, hat Emerenz die Menschen in ihrer alten Heimat nicht vergessen. Immer wieder schickt sie Geld und Sachspenden in den Bayerischen Wald, um die Not der Nachkriegszeit zu lindern. Mit den Erfahrungen aus dem Ersten Weltkrieg und der zunehmend schlechteren wirtschaftlichen Situation auch in den USA hat sich Emerenz inzwischen zur glühenden Anhängerin der pazifistischen und marxistischen Ideen entwickelt. »Fürch-

*Emerenz Meiers Geburtshaus in Schiefweg, Stadt Waldkirchen, ist heute wieder ein Gasthaus und gleichzeitig Museum. Foto: Stadt Waldkirchen*

terlich radikal gesinnt«, glaube sie fest an eine sozialistisch strukturierte Gesellschaft, in der das Geld nicht so ungerecht verteilt sei, wie sie das selbst zeit ihres Lebens erfahren musste. Neben ihren politischen Ansichten klingt in ihren Briefen immer wieder auch die Sehnsucht nach dem Bayerischen Wald durch. Emerenz Meier sollte ihre alte Heimat jedoch nie mehr wiedersehen. Paul Praxl, dem ehemaligen Leiter des Stadtarchivs Waldkirchen zufolge, hat Emerenz Meier in der Zeit der Prohibition ab 1920, als die Produktion sowie der Verkauf von Alkohol in den gesamten USA verboten war, in der Wohnung ihres Sohnes Joseph illegal Bier gebraut – und davon auch gerne selbst getrunken. Das habe laut ihrer Schwester Lina zu einer Nierenentzündung geführt, an der Emerenz Meier 1928 im Alter von vierundfünfzig Jahren starb.

Ihr Geburtshaus in Schiefweg trägt heute ihren Namen und beherbergt neben einem Wirtshaus auch ein Museum, in dem nicht nur an die Dichterin, sondern auch an die vielen Bayerinnen und Bayern erinnert wird, die wie Emerenz einst auswanderten, um in der Ferne ein besseres Leben zu finden.

## Muttersprache als Anker
*Oskar Maria Graf (1894–1967)*

»Es ist Mittwochabend. Die Tafelrunde versammelt sich. Der gemütliche Winkel eines New Yorker Kaffeehauses vereinigt die alten Freunde. Über einem Glas Bier oder Wein parliert man wie immer über die Fragen der Zeit. Aber die Reihen lichten sich. Die geistige Temperatur ist kühler geworden. Eine Stimme fehlt.« Die Person, der die Stimme gehörte, »die in der Vergangenheit dröhnend lachen, die singen und donnerwettern, die foppen und hänseln, scharf argumentieren und die herzlichsten Sympathie-Erklärungen machen konnte«, hatte Oskar Maria Graf gehört. Zwei Jahre nach seinem Tod erinnerte die deutsch-jüdische Wochenzeitung »Aufbau« an den gebürtigen Bayern, der 1938 vor den Nationalsozialisten in die USA geflüchtet war und dort 1967 starb.
Noch während seiner Anfangszeit in New York hatte der Schriftsteller einen »Emigranten-Stammtisch« gegründet – der bis zum heutigen Tag jeden Mittwoch stattfindet. Von der ersten Garde jener Menschen, die das Schicksal in die Fremde gespült hatte, ist allerdings nur noch die hundertjährige Gaby Glückselig übrig geblieben. Die Motivation, die Oskar Maria Graf damals antrieb, regelmäßig Landsleute zu versammeln, steht aber auch heute noch im Mittelpunkt, denn nach wie vor wird Deutsch gesprochen und gespeist. Für Graf als Schriftsteller war die Muttersprache damals nicht nur notwendiges Arbeitsgerät, sondern darüber hinaus ein notwendiger Anker in der fremden Welt, denn: »Sprache ist Heimat«, hatte der 1894 in Berg am Starnberger See geborene Bäckerssohn aus tiefstem Herzen bekundet. Dass er sich bei diesen Treffen als eine Art selbsternannter König gab, machte die Zusammenkünfte für seine Freunde allerdings nicht immer nur vergnüglich: Wer ihm nicht die volle Aufmerksamkeit widmete, wenn er vorlas oder erzählte, bekam sofort den Graf'schen Zorn zu spüren. Zumindest erzählte Lisa Hoffmann, mit der er in den

1950er Jahren eine Liaison hatte, das in einem Interview mit der Süddeutschen Zeitung. An Grafs Geltungsbedürfnis, so Hoffmann, sei am Ende auch ihre Beziehung gescheitert, denn nach dem Tod seiner zweiten Frau Mirjam im Jahr 1959 habe Graf es vorgezogen, sich mit Gisela Blauner zu verheiraten, einer Frau, von der er keinerlei Widerspruch zu erwarten hatte, weil sie ihn geradezu vergötterte.

Dabei hatte der »Provinzschriftsteller«, wie Graf sich selbst ironisch nannte, einst am eigenen Leib leidvoll erfahren, wie Menschen sich fühlen, die komplett dem Kommando anderer unterliegen. Doch die menschliche Psyche reagiert manchmal paradox und bringt gerade Menschen, die körperliche oder seelische Schmerzen erfahren haben, dazu, diese in gleicher Form an andere Personen weiterzugeben. Dass Graf sich der Schriftstellerei zugewandt hatte, war direkte Folge jener Pein, die er während seiner Kindheit im Elternhaus erlitten hatte. Der kleine Oskar kommt 1894 als neuntes Kind der Eheleute Max und Therese Graf zur Welt. Der Vater betreibt eine gut gehende Bäckerei, doch er ist gesundheitlich nicht mehr auf der Höhe und überlässt deshalb die Geschäfte mehr und mehr seinem nach ihm benannten ältesten Sohn – was sich für alle Beteiligten als fatale Entwicklung erweist: »Max übernahm nach seiner Militärentlassung gewissermaßen den Befehl. Seine Art zu kommandieren war kurz, grob und barsch und rief bei Lebzeiten meines Vaters wütende Streite hervor. Der alte Mann griff einmal sogar zum Messer und wollte fluchend auf den Jüngeren losgehen. Meine Mutter warf sich dazwischen. Seitdem redeten sich die beiden nicht mehr an, und Vater ergab sich dem Trunke. [...] Wir alle hassten Max. Mit ihm war irgendetwas Fremdes ins Haus gekommen. Er trieb uns mit schneidend-scharfen Worten an. Kannte keine Milde, schlug sofort zu. Mit der Hand, mit einem Teigspachtel, mit allem, was gerade nah war«, schildert Graf später die häusliche Situation während seiner Kindheit. 1906 stirbt der Vater und Oskar arbeitet nach seiner Schulzeit als Lehrling in der Bäckerei unter der Fuchtel des Bruders, der ihn bei der

*Oskar Maria Graf in der Uniform des Ersten Weltkriegs. Die Fronterlebnisse haben ihn zum überzeugten Pazifisten gemacht.*

geringsten Kleinigkeit blutig prügelt. Als wäre das nicht schon genug, muss der gerade mal Zwölfjährige praktisch rund um die Uhr schuften, immer mit der Stimme im Ohr: »Los, Los! Marschmarsch!« Um dem häuslichen Dauerstress zumindest geistig zu entfliehen, lässt sich Oskar Bücher per Versand zuschicken: Shakespeare, Heine, »Wie werde ich Erfinder«, »Der Haustierarzt«. Alles, was ihm an Gedrucktem in die Finger gerät, saugt der Bub wie ein Schwamm auf, um das Gelernte dann während der Arbeit immer wieder vor sich hinzumurmeln und so die tagtägliche Plackerei zu überstehen. Als Max eines Tages dahinterkommt, dass sich Oskar eine Bibliothek angelegt hat, prügelt er den Bruder wieder einmal windelweich. Die Mutter pflegt den wiederholten Übergriffen ihres Ältesten gegenüber den Geschwistern nur tatenlos zuzusehen, weshalb Oskar schließlich nur noch einen Weg aus der Misere sieht: die Flucht. Mit siebzehn Jahren verlässt er seinen Geburtsort und beginnt ein Leben, das ihn bis zu seinem Tod nie mehr so an einem Ort ankommen lässt, dass er ihn aus vollster Überzeugung »Heimat« nennen kann.

Zuerst geht Oskar Maria Graf, der sich das »Maria« in seinem Namen übrigens selbst zulegte, um sich von dem Maler Oskar Graf zu unterscheiden, nach München und träumt von der großen Karriere als Schriftsteller. Doch von ein paar Buchbesprechungen und kleinen Gedichten, die er in Zeitungen unterbringt, kann der angehende Autor nicht leben, zumal er sein Geld am liebsten in Kaffeehäuser und Kneipen trägt. Dort gerät er in eine Szene, in der Intellektuelle mit Halbseidenen gemeinsam die Nacht zum Tag machen. Wenn Graf abgebrannt ist, sucht er sich Gelegenheitsjobs, wo er nur so lange arbeitet, bis er wieder genügend Bares für weitere lustige Tage in der Tasche hat. Er lässt sich treiben und fühlt sich gleichzeitig getrieben, denn er findet keinen Ruhepunkt in seinem Leben, gleitet immer weiter ab und lässt sich bald auch auf zwielichtige Geschäfte ein. Als ihm der Boden in München zu heiß wird, flieht er nach Berlin, wo er schnell ins gleiche Fahrwasser gerät. Als 1914 der Krieg ausbricht, meldet er sich freiwillig, da er völlig mittellos ist und sich sonst keine Fahrkarte zurück nach Bayern leisten könnte. Seinen Militärdienst tritt er jedoch erst an, als es gar nicht mehr anders geht. 1915 kommt Graf an die Ostfront und ist nun wieder hilflos dem Kommando anderer ausgeliefert. Um dem Grauen der Schützengräben zu entkommen, täuscht er 1916 eine Kriegsneurose vor und landet in der Irrenanstalt, aus der er Ende des Jahres als »dienstuntauglich« entlassen wird. Seine Erlebnisse während des Ersten Weltkrieges machen aus Graf einen überzeugten Pazifisten, der sein ganzes Leben lang gegen jegliche Form von politischer und militärischer Gewalt opponieren sollte. Nach dem Krieg gerät der angehende Schriftsteller in München in revolutionäre Kreise und hält sich mit Schiebereien über Wasser. Es gelingt ihm jedoch auch, längere Texte zu veröffentlichen, darunter eine kriegskritische Schrift. 1918 beteiligt sich der Vierundzwanzigjährige an der Revolution und wird Vater einer Tochter, Annemarie, deren Mutter Karoline Bretting er 1917 geheiratet hatte, »aus einer Viertelstunde Mitleid«, wie er später wenig charmant behaupten sollte. Nur

*Georg Schrimpf malte seinen Freund Oskar Maria Graf im Jahr seines schriftstellerischen Durchbruchs 1927.*

ein Jahr nach Annemaries Geburt verlässt er seine Frau, um mit Mirjam Sachs zusammenzuleben, die später mit ihm in die USA flüchten und dort 1944 seine zweite Ehefrau werden sollte. An einer Arbeiterbühne wirkt er als Dramaturg, gleichzeitig beginnt er, seine Autobiografie zu schreiben. »Wir sind Gefangene« bringt ihm 1927 den Durchbruch als Schriftsteller, und das nicht nur in Bayern. Ein Jahr nach der deutschen Ersterscheinung wird »Prisoners All« auf Vermittlung von Thomas Mann in den USA verlegt. Während Graf selbst sich weiter in der künstlerisch-anarchischen Großstadtszene der 1920er Jahre bewegt, nimmt er in seinen Werken »Bayrisches Dekameron« und »Kalendergeschichten« vor allem das biederderbe Leben der Landbevölkerung unter die Lupe. Er ist ein scharfer Beobachter und liefert mit seinen Charakteren ein fein beobachtetes Sittenbild der bayerischen Bevölkerung, bei dem auch immer wieder jene Themen auftauchen, die ihn persönlich betreffen: die Ohnmacht gegenüber politischen Systemen, wirtschaftliche Not und die Angst vor dem, was an schlimmen Dingen noch kommen könnte. Der gebürtige Berger ist dabei beredter Sprecher einer Generation, die in ein untergehendes Gesellschaftssystem hineingeboren wurde: Der erste Versuch einer demokratischen Regierungsform in Deutschland – die Weimarer Republik – scheiterte nach nicht einmal fünfzehn Jahren und brachte 1933 die Nationalsozialisten an die Macht. Oskar Maria Graf hat die Gefahr jener Ideologie, die sich wieder auf das von ihm so gefürchtete Kommandieren und schlimmer noch Manipulieren gründet, erkannt, und lehnt sie deshalb vehement ab. Als 1933 Adolf Hitler zum Reichskanzler gewählt wird, befindet sich Oskar Maria Graf gerade auf einer Lesereise in Österreich und beschließt, nicht mehr nach Bayern zurückzukehren. Gleichzeitig beschwert er sich öffentlich, dass seine Werke nicht als »entartete Literatur« auf den Scheiterhaufen der Bücherverbrennungen durch NS-Anhänger landen. Mit dem Aufruf »Verbrennt mich« setzt er sich selbst auf die Liste staatsfeindlicher Elemente, was die Entziehung der deutschen Staatsbürgerschaft zur Folge hat. Graf geht nun nach Brünn und reist von dort in die Sowjetunion, wo seine Werke ebenfalls Anklang finden. Obwohl er sich anfänglich für die Idee einer sozialistisch organisierten Gesellschaft begeistert, sagt ihm sein scharfer Verstand schnell, dass sich dieses System in Wirklichkeit kaum von dem totalitären Regime in Deutschland unterscheidet. Rechtzeitig vor Ausbruch des Zweiten Weltkrieges gelingt es ihm, zusammen mit etlichen jüdischen Freunden über die Niederlande in die USA zu fliehen, wo er sich in Manhattan niederlässt. Dank eines Stipendiums kann er das 1934 begonnene Buch »Das Leben meiner Mutter« fertigstellen, das 1940 auf Englisch erscheint und erst nach dem Zweiten Weltkrieg die deutsche Erstauflage erleben sollte. Es gilt heute als das bekannteste Werk des gebürtigen Bayern. Weil er bis 1957 keine

*Oskar Maria Graf (dritter von links) bei einem seiner New Yorker Stammtische. Foto: Leo Baeck Institute New York.*

US-Staatsbürgerschaft besitzt, kann Graf erst 1958 wieder nach Deutschland reisen und sorgt prompt für einen Eklat, als er bei der 800-Jahr-Feier der Stadtgründung Münchens im ehrwürdigen Cuvilliéstheater in der Lederhose auftritt. Es folgen noch drei weitere Lesereisen, die letzte davon 1965. 1967 stirbt Graf im Alter von dreiundsiebzig Jahren in New York, ein Jahr später findet seine Urne auf dem Bogenhauser Friedhof die letzte Ruhe. Eine Würdigung seines Gesamtwerks erfuhr der Schriftsteller in seiner alten Heimat zu Lebzeiten nicht mehr.

## *Eine Karriere als Giftmischerin*
*Anna Marie Hahn (1906–1938)*

Columbus, Ohio, 7. Dezember 1938: »Dein Wille geschehe, erlöse uns …« sind die letzten Worte aus dem Mund von Anna Marie Hahn. Wenige Minuten später, um 8.13 Uhr, wird die 31-jährige Giftmischerin aus Füssen für tot erklärt. In die Geschichte eingegangen ist »Arsenic Anna«, wie sie von der Presse betitelt wurde, nicht nur wegen ihrer Verbrechen, sondern mehr noch durch ihren Tod. Die Einwanderin aus Bayern war die erste Serienmörderin in den USA, die auf dem elektrischen Stuhl hingerichtet wurde. Ihr neues Leben, fern der alten Heimat und all den Schwierigkeiten, die Anna Marie eigentlich hinter sich lassen wollte, dauerte nur neun Jahre, eineinhalb davon hinter Gittern.

Anna Marie kommt 1906 als jüngstes von zwölf Kindern der Familie Filser in Füssen zur Welt. Vater Georg ist Schreiner und respektiertes Mitglied in der Gemeinde. Seine Tochter will sich den Konventionen der damaligen Zeit dagegen nicht recht anpassen. Sie bricht die Schule frühzeitig ab – obwohl diese damals nur sieben Jahre dauert –, worauf sie von den Eltern nach Holland verfrachtet wird, zu ihrer Schwester Kati und deren Mann. Mit achtzehn oder neunzehn Jahren, der genaue Zeitpunkt ist unklar, bekommt Anna Marie ein Kind; wer der Kindsvater ist, bleibt im Dunkeln, denn jener Arzt, den der Teenager als Erzeuger angibt, existiert gar nicht. Ihre Familie ist über dieses uneheliche Baby in heilloser Aufregung und sucht nach einem Weg, die missratene Tochter möglichst für immer aus den Augen zu bekommen. Die Lösung: Anna Marie soll nach Amerika verschwinden, wo ein Stiefbruder von Mutter Katharina lebt. Obwohl seit zwanzig Jahren kein Kontakt mehr zu Max Döschel besteht, willigt dieser nach brieflicher Anfrage ein, die Nichte bei sich aufzunehmen und schießt ihr sogar das Geld für die Überfahrt vor.

Am 11. Februar 1929 kommt Anna Marie in New York an,

den kleinen Sohn hat sie vorerst bei ihrer Familie in Füssen zurückgelassen. Sie kann bei den Döschels wohnen, bis sie auf eigenen Füßen steht, erklärt ihr der Onkel, der darauf spekuliert, seine Nichte irgendwo als Haushälterin unterzubringen. Ihr Englisch ist zu diesem Zeitpunkt schon erstaunlich gut und ihre Kochkünste sind ebenfalls ganz passabel, sodass sich ja eigentlich ein Posten für sie finden müsste. Was den Verwandten jedoch schon bald auffällt: Anna Marie kann nicht mit Geld umgehen. Sie gibt weit mehr aus, als sie eigentlich zur Verfügung hat, und schafft es deswegen auch nicht, das geborgte Geld für die Überfahrt zurückzuzahlen. Die Atmosphäre im Hause Döschel wird deshalb zusehends frostiger, worauf Anna Marie beginnt, auf jene Art und Weise Bares zu beschaffen, die sie am Ende auf den elektrischen Stuhl bringen sollte: Sie schließt gezielt Bekanntschaften mit älteren Herren, die eine gefüllte Brieftasche besitzen.
Erstes Opfer ist der Schwager von Onkel Max, Karl Osswald, Rentner und frisch verwitwet. In kürzester Zeit schafft es Anna Marie, bei dem Einundsiebzigjährigen einzuziehen, um ihn »zu pflegen«, wie sie ihr systematisches Ausbeuten beschönigend nennt, wobei sie Osswald vorschwindelt, von Beruf Krankenschwester zu sein. Wenig später verspricht sie ihn zu heiraten, wenn er ihr dafür seine Aktien überschreibt. Osswald fällt prompt auf die Schmeicheleien seiner jungen »Verlobten« herein und versorgt sie neben den Wertpapieren auch regelmäßig mit Geld. Was der ehemalige Bäcker nicht weiß: Anna Marie hat inzwischen großen Gefallen an Pferdewetten und Spielcasinos gefunden, wo ihr die Dollars nur so durch die Finger rinnen.
Im Mai 1930 heiratet sie dann überraschend einen gewissen Philipp Hahn, einen kleinen, dürren Angestellten aus dem Telegrafenamt, den sie auf einem ihrer Ausflüge in die Vergnügungstempel Cincinnatis kennengelernt hat. Obwohl Karl Osswald geschockt ist, dass seine »Verlobte« ihn so hintergangen hat, unterstützt er die junge Frau weiter finanziell. Mitten in der Wirtschaftskrise machen sich die Hahns mit Osswalds

*Anna Marie Hahn, fotografiert am 6. Dezember 1938, einen Tag vor ihrer Hinrichtung*

Hilfe selbständig: Erst kaufen sie eine Bäckerei, nach deren Bankrott einen Lebensmittelladen. Doch auch dieses Projekt geht heillos den Bach hinunter und das Ehepaar verliert am Ende nicht nur das Geschäft, sondern auch das Haus, das sie sich nach der Hochzeit gebaut haben – ebenfalls von Osswald finanziert. Philipp arbeitet nun als Taxifahrer, um die Familie über Wasser zu halten, und Anna Marie macht das, was schon bei Osswald so prima funktioniert hat: Männer ausnehmen. Nächstes Opfer ist Ernest Kohler, der eine große Wohnung in einem Apartmentblock besitzt, in die sich die Hahns als Untermieter einquartieren. Als Kohler nicht lange danach stirbt, erhält die Polizei zwar einen anonymen Hinweis, dass jemand bei seinem Ableben nachgeholfen habe, doch eine Obduktion erbringt dafür keinen Beweis. Erbin der Wohnung plus Bargeld und Antiquitäten ist: Anna Marie Hahn.

Doch auch dieses finanzielle Polster hält nicht lange vor, denn nach wie vor trägt die Blondine mit den haselnussbraunen Augen Unsummen auf Rennbahnen und in Spielhöllen. Ihre Ehe besteht inzwischen nur noch auf dem Papier, Gatte Philipp Hahn arbeitet wieder bei der »Western Union« und geht seiner Frau möglichst aus dem Weg. Sohn Oscar, der mittlerweile bei seiner Mutter lebt und von ihr bis zu ihrem Tod als »der liebe brave Bub« bezeichnet wird, verbringt seine Freizeit damit, Katzen an Wäscheleinen aufzuhängen oder mit einem Luftgewehr zu erschießen, andere Buben zu drangsalieren und »unanständige Fotos« zu sammeln, die er dann in der Schule verbreitet.
Und Anna Marie ist wieder auf der Pirsch: George Heis, den sie als nächstes umgarnt, sollte das letzte ihrer Opfer sein, das mit dem Leben davonkommt. Nachdem Anna Marie ihm sein ganzes Vermögen abgeschmeichelt hat, gibt sie ihm regelmäßig Gift ins Essen, um ihn zum Schweigen zu bringen. Dafür verwendet sie entweder Crotonöl, ein Mittel gegen Verstopfung, das in größerer Menge hochgiftig ist, oder Arsen. Heis' Arzt diagnostiziert den andauernden Durchfall und die Magenkrämpfe sogar richtigerweise als Vergiftungssymptome, seltsamerweise unternehmen aber weder er noch sein Patient Schritte, um die vermeintliche Verursacherin zu stoppen. Heis verbittet sich nur jegliche weitere Kontaktaufnahme durch Anna Marie, verlangt aber die Rückzahlung des überlassenen Geldes, ansonsten – so droht er – werde er doch noch zur Polizei gehen.
Anna Marie braucht nun schnell ein neues Opfer, um das zu verhindern: Albert Palmer, ein älterer Herr, der nur wenige Blocks von Heis entfernt lebt, sollte der erste auf der Liste jener Männer sein, die ihre Beziehung zu Hahn nicht überlebten. Palmer ist anfangs sehr spendabel, doch als ihm Gerüchte über das Vorleben seiner Angebeteten zu Ohren kommen, fordert auch er sein Geld zurück. Wie schon Heis unternimmt aber auch er nichts, als er plötzlich unter unerklärlichen Symptomen leidet. Im März 1937 stirbt der Zweiundsiebzigjährige,

als Todesursache gibt der Arzt Herzversagen an. Anna Marie ist seine alleinige Erbin. Das nutzt ihr allerdings nichts mehr, denn sie hat den Verstorbenen schon vorher um jeden Penny gebracht, wie sich bei der Eröffnung des Testaments herausstellt. Die skrupellose junge Frau hat zu dem Zeitpunkt schon ihr nächstes Opfer aufgetan: den neunundsiebzigjährigen Jacob Wagner, der wie Hahn aus Deutschland stammt und einiges Vermögen gespart hat. Als er bemerkt, dass seine neue Freundin heimlich seine Sparbücher an sich genommen hat, möchte er sie im Beisein von Bekannten bloßstellen. Doch Anna Marie schafft es wieder, sich aus der Affäre zu ziehen. Jacob habe sie wohl verlegt, behauptet sie, um im nächsten Moment die gesuchten Dokumente unter seiner Matratze hervorzuziehen. Um ähnlichen Szenerien vorzubeugen, bekommt nun auch Jacob Wagner nach und nach Gift verabreicht, wovon er so krank wird, dass ihn sein Arzt ins Krankenhaus überweist. Mit im Krankenwagen dabei ist Anna Marie Hahn, die sich als seine Pflegerin ausgibt. Alle Hilfe kommt für den Senior jedoch zu spät: Wenige Stunden nach seiner Einlieferung stirbt Jacob Wagner.
Seine Mörderin bleibt vorerst unbehelligt und bringt nun zur Abwechslung zwei alte Frauen, halb blind und taub, um ihr Geld. Die beiden sind deutsche Immigrantinnen, die sich über die Gesellschaft der Landsmännin freuen, nicht ahnend, dass diese bei jedem ihrer Besuche etwas mitgehen lässt, bis sie von einem auf den anderen Tag kein Lebenszeichen mehr von ihr erhalten. Anna Marie hatte nämlich längst eine weitere Quelle aufgetan, einen siebenundsechzigjährigen Ungarn namens Gsellmann, dessen Leiche am 6. Juli von einem Nachbarn gefunden wurde. Dass er von Hahn vergiftet worden war, sollte sich erst nach einem weiteren Todesfall herausstellen, bei dessen Untersuchung den Machenschaften Hahns endlich ein Ende gesetzt wurde. Ihr letztes Giftopfer ist der siebenundsechzigjährige Schuster Johann Georg Oberndorfer. Im Juli 1937 überredet Anna Marie ihn zu einer Zugreise nach Colorado, von der Oberndorfer nicht mehr lebend zurückkehren

sollte – denn auch ihm mischt sie schon seit einiger Zeit immer wieder Gift ins Essen. Die Methode von »Arsenic Anna«, wie die Täterin bald von der Presse genannt wird, ist immer dieselbe: Sie bringt ihre Opfer nach und nach um, erst fühlen sich diese nur unwohl, dann leiden sie an Durchfall, Krämpfen und Übelkeit, bis das Gift sich so im Körper angereichert hat, dass die Organe versagen. Die Ironie an der Geschichte: Hätte Anna Marie auf ihrer Reise mit Oberndorfer in ihrem Hotel nicht auch noch einen Schmuckdiebstahl begangen, während der alte Herr im Krankenhaus schon mit dem Tod rang, wäre sein Tod vielleicht gar nicht näher untersucht worden. Doch die Behörden haben bald Beweise dafür, dass Anna Marie die Hotelbesitzerin beraubt hat, und interessieren sich nun auch für ihren eben verstorbenen Begleiter, den die Verdächtige erst auf der Fahrt nach Colorado kennengelernt haben will. Am 9. August 1937 klopft die Polizei in Cincinnati an die Tür der Hahn'schen Wohnung und verhaftete die Gesuchte, die zuvor blitzschnell aus Colorado verschwunden war.

*Ein Jahr lang saß die gebürtige Füssenerin im »Todestrakt« des Ohio State Penitentiary.*

Ihr Prozess vor dem Schwurgericht in Cincinnati entwickelte sich zum Medienereignis des Jahres 1937. Dass die gebürtige Bayerin am Ende zum Tode verurteilt wurde und mehrere Eingaben auf Begnadigung abgelehnt wurden, war selbst für Insider erstaunlich, denn bei Frauen wurde auch bei schweren Verbrechen meist davon abgesehen, sie mit dem Tod zu bestrafen. In der Rückschau auf den Prozess wurde das »kalte« Verhalten der Angeklagten als Hauptgrund für das Urteil angeführt.

Am 7. Dezember 1938 musste Anna Marie Hahn, die genau ein Jahr im Todestrakt des Ohio State Penitentiary in Columbus auf ihre Hinrichtung gewartet hatte, ihren letzten Gang antreten, durch die »Good Bye Door« in die Kammer, in der »Old Sparky«, wie der elektrische Stuhl im Volksmund genannt wurde, sie kurz darauf vom Leben in den Tod beförderte. Am Tag zuvor hatte Hahn ihrem Anwalt einige versiegelte Briefe übergeben, die erst nach ihrem Tod geöffnet werden durften.

*Für die zeitgenössischen Zeitungen war der Fall der bayerischen Giftmörderin ein gefundenes Fressen.*

Sie enthielten das, was sie vor Gericht schuldig geblieben war: ein umfassendes Geständnis. Der Rechtsanwalt verkaufte die Briefe meistbietend an interessierte Tageszeitungen, um mit dem Geld die weitere Ausbildung von Anna Maries Sohn Oscar zu finanzieren. Der Bub erhielt eine neue Identität und kam in einer Pflegefamilie unter. Über sein weiteres Schicksal ist nichts bekannt.

## *An den Schalthebeln der Macht*
*Henry Kissinger (geboren 1923)*

Ein Politiker aus Bayern, der es auf die Bühne der großen Politik schafft und als Regisseur des mächtigsten Landes der Welt die Fäden zieht – Franz Josef Strauß mag von so einer Position geträumt haben, vielleicht auch Edmund Stoiber. Ein gebürtiger Fürther sollte den beiden ambitionierten Herren, die sich mit der Machtausübung innerhalb weiß-blauer Grenzen begnügen mussten, eindeutig den Rang ablaufen: Heinz Alfred Kissinger, besser bekannt unter dem Namen Henry Kissinger, der in den 1970er Jahren als amerikanischer Außenminister zu einer der schillerndsten und gleichzeitig umstrittensten Figuren der globalen Politszene aufstieg.
Heinz Alfred kam am 27. Mai 1923 in Fürth als Sohn eines Gymnasiallehrers zur Welt; Louis Kissinger unterrichtete am dortigen Lyzeum Geschichte und Geografie. Mutter Paula Kissinger, geborene Stern, war die Tochter eines wohlhabenden jüdischen Viehhändlers aus Leutershausen bei Ansbach. Neben Heinz hatten die Eltern noch einen weiteren Buben, Walter. Kissingers Vorfahren väterlicherseits hatten ursprünglich Löb geheißen, Urururgroßvater Meyer Löb hatte 1817 den neuen Namen angenommen, der sich auf den Kurort Bad Kissingen bezieht. Über seine Kindheit in Bayern hat Henry Kissinger nie viel erzählt, erst 2007 war der damals Vierundachtzigjährige bereit, deutschen und amerikanischen Biografen die Geschichte seiner Familie zu erzählen, die 1938 vor der Verfolgung durch die Nationalsozialisten in die USA floh. Treibende Kraft hinter der Emigration war demnach Mutter Paula Kissinger. Als ihr Mann von einem Tag auf den anderen als Lehrer »beurlaubt« worden war und die Familie auch von Nachbarn immer mehr gemieden wurde, suchte sie um Ausreisepapiere für die Vereinigten Staaten an.
Am 5. September 1938, nur wenige Monate vor der sogenannten »Reichskristallnacht«, setzte Heinz mit seiner Familie den

Fuß auf den Boden jenes Landes, dessen Geschicke er drei Jahrzehnte später als Politiker entscheidend mitbestimmen sollte. Die Familie ließ sich in New York nieder, wo die Brüder auch ihre Schulzeit fortsetzten. Um zum Lebensunterhalt der Familie beizutragen, schreibt sich Henry nach der High School in einem Abendcollege ein, wo er Buchhaltung lernt, tagsüber arbeitet er in einer Bürstenfabrik. Fünf Jahr nach der Flucht, im Juni 1943, erhält Kissinger die amerikanische Staatsbürgerschaft. In Europa tobt damals seit vier Jahren ein mörderischer Krieg, in den die USA nun eingreift, um dem Naziregime ein Ende zu setzen. Kissinger, der gerade seinen Militärdienst ableistet, erhält durch gute Beziehungen eine Stelle beim Geheimdienst und wird in jenes Land zurückgeschickt, aus dem er einst unter Lebensgefahr hatte fliehen müssen. Hier bleibt er auch nach Kriegsende, denn aus Sicht der Amerikaner ist Kissinger trotz seines jungen Alters der ideale Kandidat, um Deutschland von braunen Anhängern zu säubern: Bei seinem familiären Hintergrund, so die Überlegung, wäre es äußerst unwahrscheinlich, dass er mit den Nazis sympathisieren könnte. 1947 kehrt Henry in die USA zurück und studiert in Harvard Politikwissenschaften, die er 1952 mit einem Master und zwei Jahre später mit der Promotion abschließt, 1959 folgt eine Professur.

Mit seiner brillanten akademischen Karriere und den Erfahrungen aus der Kriegs- und Nachkriegszeit in Europa avanciert Kissinger neben seiner Lehrtätigkeit bald zum anerkannten politischen Berater für verschiedene Organisationen. Doch der Einfluss des besten Fachmanns ist begrenzt, so lange er nicht gleichzeitig über ein politisches Amt verfügt. Kissingers große Chance kommt, als der frisch gewählte Präsident Richard Nixon ihn 1969 als Nationalen Sicherheitsberater ins Weiße Haus holt. Bei der Wiederwahl Nixons 1973 steigt Kissinger dann noch eine Stufe weiter, zum Außenminister, auf. Anders als der Präsident stolpert Kissinger 1974 auch nicht über die Spitzelaffäre »Watergate«, sondern führt sein Amt unter Nixons Nachfolger Gerald Ford weiter. Ein entscheidender

Punkt, warum Kissinger von Nixon damals so geschätzt wurde, sehen Zeitgenossen in der Art, wie der gebürtige Fürther Gespräche führt: »Er ist vollkommen aufmerksam. Er wartet nicht nur, bis man ausgesprochen hat, er gibt dir auch Zeit für Nachgedanken. Wenn es dann Zeit ist zu antworten, spricht er langsam, in tiefem melodischem ›Wagnerton‹, wobei er seine Worte sorgfältig abwägt«, schreibt eine amerikanische Journalistin in einem Artikel über Henry Kissinger mit dem zweideutigen Titel: »Who is kissing now«, wörtlich übersetzt: »Wer küsst nun«, der 1971 in einer amerikanischen Frauenzeitschrift erschien. Darin geht es – wie die Überschrift schon vermuten lässt, weniger um Kissingers politische als um seine privaten »Aktivitäten«, besonders jene, die sich gemeinhin unter der Bettdecke abspielen. Der einst so schüchterne Schulbub hat in den wenigen Jahren als Politiker eine Art wundersame Metamorphose erfahren und ist zum Playboy der Medien avanciert, denen vermeintliche Damenbekanntschaften Kissingers mindestens genauso große Schlagzeilen wert sind wie dessen politische Strategien. »Washingtons größter Swinger« ist nur einer der Titel, mit denen Kissinger von der Presse bedacht wird. Mal wird ihm, nachdem er von seiner ersten Frau Ann Fleischer, mit der er von 1949 bis 1964 verheiratet war, geschieden wurde, eine heimliche Hochzeit mit der Schauspielerin Jill St. John angedichtet, dann wieder soll er mit deren Kollegin Gina Lollobrigida und diversen anderen Damen der High Society Affären haben.

Man mag sich wundern, warum ausgerechnet ein eher untersetzter, bulliger Typ mit dicker schwarzer Hornbrille und seltsamem Akzent – Kissinger behält zeit seines Lebens seinen fränkischen Zungenschlag – in den Focus der Klatschpresse gerät, und das zu einer Zeit, in der Medien kaum wagen, über das Privatleben von Politikern zu berichten. »Henry ist die einzig interessante Person in Nixons Regierung, und der einzige, der sprachgewandt ist«, bringt Gloria Steinem, Frauenrechtlerin und eine gute Kennerin Kissingers, die Hysterie der Medien damals auf den Punkt. Kissinger liebe es geradezu,

vermeintlich feindlich gesinnten Reportern Steilvorlagen für überschießende Spekulationen zu liefern, etwa wenn er auf die Frage, wie er und seine angebliche Geliebte Jill St. John ihre Freizeit verbrächten, antwortet: »Ich bringe ihr Schach bei«, oder auf die Frage, womit er sich entspanne, lapidar entgegnet: »Mit Häkeln.«
Die Ausstrahlung eines schüchtern-charmanten Außenseiters, der, und das kann Kissinger nie verleugnen, gerade wegen seiner Andersartigkeit brennend danach verlangt, wahrgenommen zu werden, treibt ihn in die Öffentlichkeit. Dafür kommt ihm selbst der Ruf des hemmungslosen Casanovas durchaus recht, auch wenn der von seinen politischen Erfolgen eher ablenkt. Und die gelingen ihm, trotz aller Zerstreuung durch seine privaten Affären, scheinbar mühelos: Rastlos jettet Kissinger durch die Welt, verhandelt mit Freund und Feind und kann aufsehenerregende Ergebnisse für sich verbuchen. So

*Außenminister Henry Kissinger (rechts) 1974 im Gespräch mit Präsident Gerald Ford*

schafft es der neue Superstar der Weltpolitik, dass Russland im Kalten Krieg auf eine gemäßigtere Linie umschwenkt; in China gewinnt Kissinger Mao als strategischen Partner und im Vietnamkrieg handelt er mit den kommunistischen Machthabern einen Waffenstillstand aus. Dafür erhält er, in seinem ersten Jahr als Außenminister, 1973 sogar den Friedensnobelpreis. Doch, und das sind nun mal die zwei Seiten der Macht, Kissinger bekommt nicht nur Ehre und Preisgeld, er muss für die noble Auszeichnung einen harten persönlichen Preis zahlen: Denn nun schreien Kissingers Gegner vereint auf, wie man einem Mann den höchsten Friedenspreis der Welt verleihen könne, der ohne jegliche moralische Skrupel sei, ein »manipulatives Monster mit deutschem Akzent«, das lüge, wie andere Menschen atmen«, wie der Enthüllungsjournalist Seymour Hersh die Polemiken zusammenfasst. Kissinger sei nichts anderes als ein Kriegsverbrecher«, empören sich seine Kritiker: Der Waffenstillstand in Vietnam sei nur eine Mogelpackung, was sich schon daran zeige, dass der Chefunterhändler der kommunistischen Vietcong, Le Duc Tho, den Friedensnobelpreis, den er zusammen mit Kissinger hätte bekommen sollen, gar nicht angenommen habe. Weit schwerer noch wiegen aber Vorwürfe über eine heimliche Bombardierung Kambodschas, die erst jetzt nach und nach ans Tageslicht kommen. Kissinger und Nixon hatten demnach ab 1969 auf den Osten des eigentlich neutralen Kambodschas massiv Bomben abwerfen lassen, um damit die Vietcong-Rebellen zu schwächen, deren Hauptquartier die Amerikaner in Kambodscha vermuteten. Die Operation, die in Washington unter strengster Geheimhaltung abgelaufen war, weil Nixon und Kissinger eine noch stärkere Kritik der amerikanischen Bevölkerung am sowieso schon heftig umstrittenen Vietnamkrieg fürchteten, dauerte vierzehn Monate und soll zwischen 200 0000 und 1,1 Millionen Kambodschanern das Leben gekostet haben. Als Folge der Luftangriffe war das Land so geschwächt, dass die kommunistischen Roten Khmer dort die Macht an sich rissen und eine grausame Diktatur aufzogen, durch die noch einmal

*Henry und Nancy Kissinger, mit der er seit 1974 in zweiter Ehe verheiratet ist*

drei bis vier Millionen Menschen umkamen. Ähnliche Folgen hatte das Eingreifen der Amerikaner in Chile: Dort schaffte es Augusto Pinochet 1973 dank massiver Unterstützung der USA, den demokratisch gewählten Präsidenten Salvador Allende zu stürzen. Allende hatte die Errichtung einer nach sozialistischen und damit antiamerikanischen Ideen strukturierten Gesellschaft geplant. Pinochet errichtete nun seinerseits eine bis 1990 regierende grausame Militärjunta, in der systematische Folter und Mord auf der Tagesordnung standen.
Kissinger wehrte sich gegen diese Vorwürfe mit der Aussage, dass zur Erreichung eines politischen Ziels, das seiner Ansicht nach der Allgemeinheit diene, Kollateralschäden in Kauf genommen werden müssten: »Ich sehe nicht ein, warum wir nichts tun und zusehen sollten, wie ein Land durch die Unverantwortlichkeit seines eigenen Volkes kommunistisch wird. Die Angelegenheiten sind viel zu wichtig, als dass sie den

chilenischen Wählern zur Entscheidung überlassen werden könnten«, rechtfertigte er beispielsweise die Kritik an seiner Chilepolitik. Zu einer Anklage im Zusammenhang mit den Vorwürfen kam es aber nicht und so ist der gebürtige Bayer bis heute ein gefragter Berater für Politiker aus aller Herren Länder. Seit 1974 ist Henry Kissinger in zweiter Ehe mit der gebürtigen New Yorkerin Nancy Maginnes verheiratet. Aus seiner ersten Ehe hat er zwei Kinder, Elizabeth (geboren 1959) und den zwei Jahre jüngeren David. Zu seiner Heimatstadt Fürth hat der ehemalige amerikanische Außenminister eine ganz spezielle Beziehung: Seit seiner Jugend ist Kissinger treuer Anhänger der SpVgg Greuther Fürth und dank Internet kann er die Spielergebnisse heute bequem verfolgen. In seiner Zeit als aktiver Politiker musste noch die deutsche Botschaft als Nachrichtenlieferant fungieren und ihm alle Ergebnisse der Franken schnellstmöglich auf seinen Schreibtisch im Weißen Haus liefern. Als Fürth vor zwei Jahren erstmals den Aufstieg in die 1. Bundesliga schaffte, löste Kissinger ein lange gegebenes Versprechen ein, in dem Fall persönlich nach Bayern zu kommen, um seinen Klub spielen zu sehen. Beim zweiten Heimspiel gegen den FC Schalke 04 am 15. September 2012 saß er auf der Tribüne im Fürther Stadion.

## *Nachwort des Verlages*

Bayern ist ein Einwanderungsland. Das ist seit Jahrtausenden so, lebten hier doch schon Kelten und Römer, bevor das Land nach 550 von den Bajuwaren besiedelt wurde. Die eingewanderten Volksstämme blieben – und sie blieben gerne. Derart sesshaft waren sie, dass sich später das Klischee des bodenständigen Bayern manifestierte, der kaum über den Umkreis der nächsten fünf Dörfer hinauskam. Kein Vergleich mit der Abenteuerlust oder dem Entdeckertum der europäischen Seefahrervölker. Nein, der Bajuware blieb lieber am bayerischen Meer hocken.
Doch stimmt dieses Klischee wirklich?
Nein, denn gerade seit der Entdeckung der Neuen Welt zog es ganze Dorfgemeinschaften hinaus ins Unbekannte, »ins Amerika«, waren daheim doch nur Armut und Hunger zu erwarten, vielleicht drohte der Militärdienst oder gar ein Judenpogrom. Von diesen »kleinen Leuten« aber wird in der »großen« Geschichte kaum berichtet. Nur in Ausnahmefällen, wenn einem dieser Auswanderer der sprichwörtliche Aufstieg »vom Tellerwäscher zum Millionär« gelang, haben sich seine Spuren erhalten.
Ganz anders liegt der Fall selbstverständlich bei den Herrscherhäusern. Fürstenkinder waren sozusagen dafür geboren, in die Welt hinausgeschickt zu werden, um Allianzen zu stärken und Bündnisse zu schmieden. Manch eine Prinzessin ist aber wohl genauso bange in eine ungewisse Zukunft gesegelt wie das Waldlermadl oder der Bauernbursch aus dem Gäuboden. Zumindest wird bei einer künftigen Königin genau Buch geführt über Abreise und Ankunft und den weiteren Lebensweg. Freilich schweigt sich die Geschichtsschreibung weitgehend darüber aus, wer sie begleitet hat. Man darf annehmen, dass eine Fürstentochter nicht allein auf Reisen ging, sondern ihre Kammerzofen, Köche und Handwerker mitnahm, um in

der Fremde ein kleines Stücklein Heimat zu bewahren. Was ist aus diesen Menschen geworden?
Auch Künstler waren bereits in vergangenen Jahrhunderten nicht selten international tätig, mussten sie doch einen Mäzen finden, der es sich leisten konnte, ihnen Aufträge zu erteilen. Um ihren Lebensunterhalt zu verdienen, blieb ihnen oft gar nichts anderes übrig als die Heimat hinter sich zu lassen. Immerhin zeugen ihre Werke von den weiteren Lebensstationen – wenn sie denn mit ihrem Schaffen reüssierten. Ähnlich liegt der Fall bei einigen bayerischen Schriftstellern, die sich vor der Bedürftigkeit oder – besonders während des Regimes der Nationalsozialisten – vor der Verfolgung durch die Obrigkeit in ein neues Leben retteten. Gerade bei ihnen ging der Weg in die Fremde allerdings oft mit einem Verstummen einher, war ihr Schreiben doch eng mit der Muttersprache verbunden.
Der Weg der meisten Emigranten verliert sich im Dunkeln, abgesehen von ihren Namen auf den Passagierlisten der Auswandererschiffe fehlt jedes weitere Zeugnis von ihnen. Aber mit einer Auswahl an exemplarischen Biografien kann doch ein Schlaglicht geworfen werden auf ein wenig beachtetes Kapitel unserer Landesgeschichte. Einigen Persönlichkeiten, die irgendwo auf der Welt von sich reden machten und auf diese Weise »greifbar« blieben, soll hier ein literarisches Denkmal gesetzt werden – stellvertretend für die vielen unbekannten Emigranten, die ihre bayerische Heimat im Lauf der Jahrhunderte verlassen haben.